ひとりじゃなくて

みんなと生きる

Revive

PROLOGUE

皆さんこんにちは。

私にとって初となる書籍は、ネイリストの枠を超えて、色んなスタイリングやメイクに挑戦しました。

私服、日々の愛用品、友達、家族、お仕事について、今まで話してこなかったこともたくさんお話ししています。

読んでいただく皆さんに、私のエネルギーを感じていただけるようすべてが詰まった1冊になっているので、読み終えた時に少しでも何かパワーを受け取っていただけたら嬉しいです。

CONTENTS

NEW LOOK

NAIL DESIGN
by AKINA

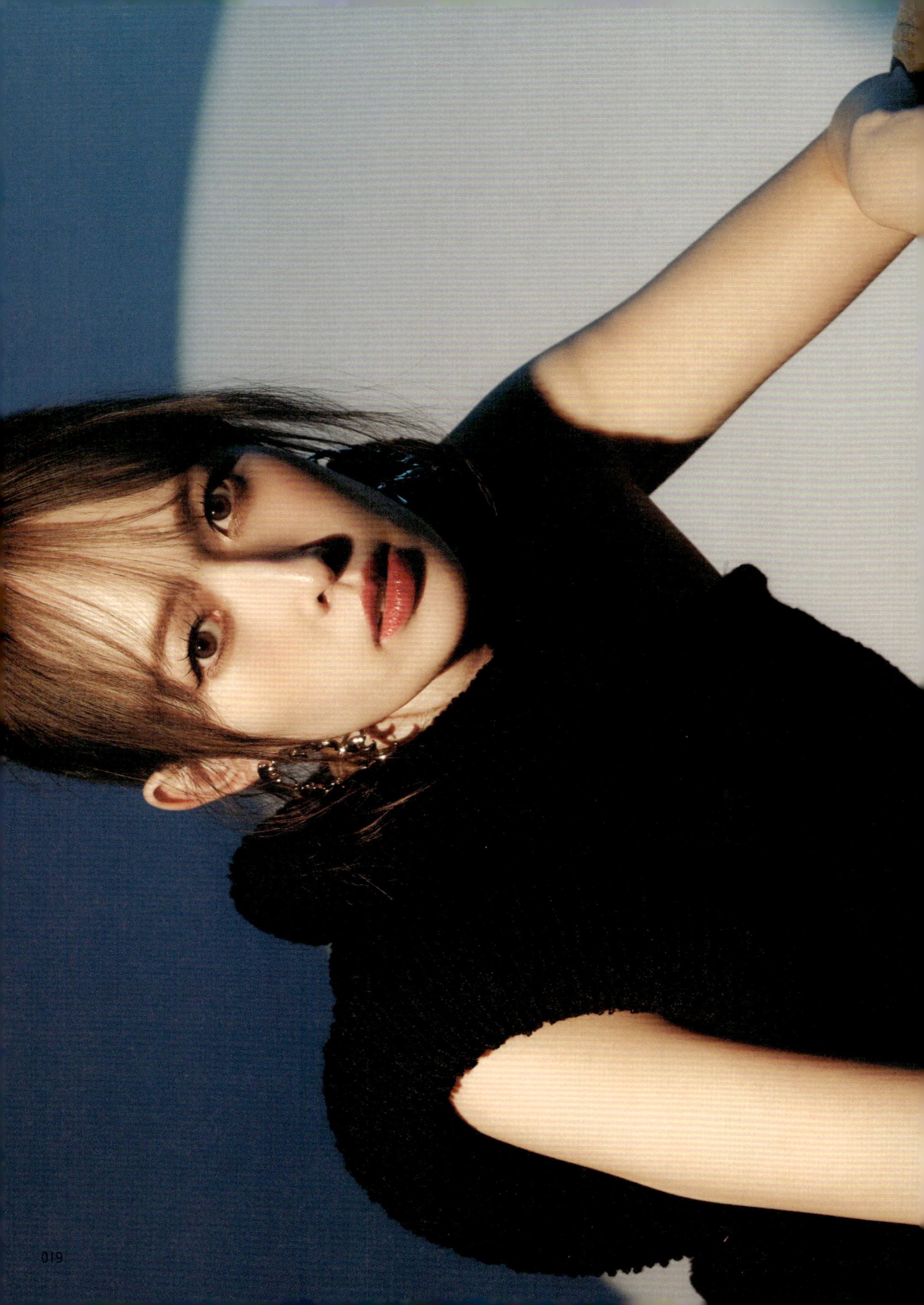

CHAPTER

1

幼少期・学生時代

家族・友人・学校・ダンス。

私のパーソナリティを形成した、

懐かしい記憶を辿ります。

1992年生まれ、習い事で多忙だった幼少期

桜が舞う4月13日、私は父方の祖父母、父、母、そして兄とともに暮らす家族の末っ子長女として生を受けました。父は事業を営んでおり、私が生まれた頃は、母も会社の仕事を手伝っていたため、生後8ヶ月で保育園に預けられることとなりました。この執筆にあたり、幼少期の印象やエピソードを母に尋ねてみたところ、「手のかからない子だった」とのこと。イヤイヤ期に長い癇癪を起こしたり、駄々をこねることもなく、親に大きな手間をかけることは少なかったそうです。

6つ上の兄とは仲が良く、外では活発に遊んでいた記憶が強く残っています。そのため、自分では「やんちゃだった」と思っていましたが、事業で忙しい両親に余計な心配をかけまいと、家の中では比較的お利口にしていたのかもしれません。無意識のうちに親の負担を軽くしようとする、子供なりの気遣いだったのではないかと思います。

父は、兄が生まれる少し前にアパレル関連の会社を起業しており、経営者として多忙な日々を過ごしていました。そのため週休二日制などというものとは無縁で、幼少期に父と遊んだ記憶はほとんどありません。その代わり、母が積極的に私をいろいろな場所に連れて行ってくれたおかげで、父の不在を寂しく感じることはありませんでした。母が私に注いでくれた時間と愛情が、幼い私の心をしっかりと満たしてくれていたのだと思います。

母はブラジル出身で、26歳の時に仕事で日本を訪れました。そのため、私が幼い頃に親しんだ絵本やアニメは、すべてブラジルのものでした。この話をすると「お父さんとは日本語、お母さんとはブラジルの母国語であるポルトガル語で会話をしていたの？」とよく聞かれますが、祖父母との同居もあり、家庭内では基本的に日本語が使われていました。ただ、通訳をしていた母の

影響か、経営者である父の考えかは分かりませんが、物心つく頃には早期英語教育を受けていました。小学校に入学した時には、ネイティブ講師のみが在籍する英会話スクールに通い、英語で会話をしていたようです。ブラジルの親戚とは英語でコミュニケーションをとっていますが、時間ができたら改めてポルトガル語を学び、いつか母や親戚とポルトガル語で会話ができるようになりたいと考えています。

幼少期は習い事の日々でした。通い始めたのは、保育園の頃。バレエ、ピアノ、スイミング、英会話、書道、そろばんなど、当時一般的だった習い事はひと通り経験しました。毎日のように何かしらのレッスンがスケジュールに入っており、子供ながらに忙しい日々を送っていたと思います。その中でも特に夢中になっていたのがダンスでした。今でも時間があれば友人とダンス動画を撮ることがあります。高校進学の際は、志望校選びの決め手にもなりました。ダンスは私の人生を鮮やかに彩り、自分自身を語る上で欠かせない要素になっています。

小学校時代のピアス事件

自分の性格はマイペースだと自覚しています。周囲と競うよりも自分のペースで努力を重ねるタイプです。そして、幼い頃から自分の意見をはっきりと言える子だったと思います。

小学生の時のこと、今でも鮮明に覚えている同級生とのケンカがあります。私は生まれて間もなく、母の故郷であるブラジルへ帰り、耳にピアスの穴を開けました。欧米諸国やブラジルでは女児が生まれると、その子供にピアスをつける風習があります。しかし日本ではそういった文化はありませんし、当時小学生でピアスをつけている子供も珍しかったことから、学校の男子にか

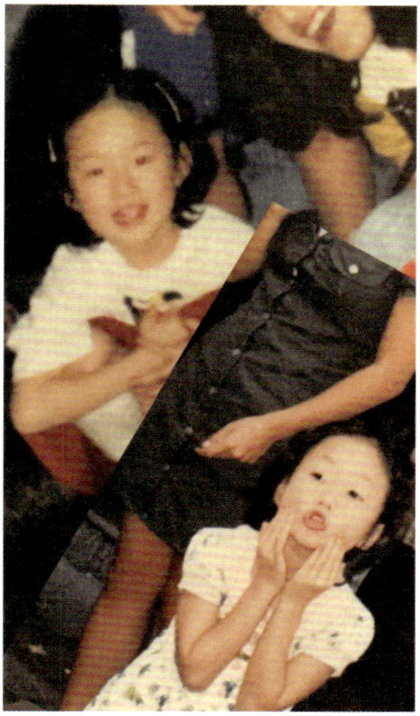

幼少期

らかわれてしまったのです。彼の一言で、周りにいた同級生の視線が、一斉に私へと向けられました。私がおとなしい性格だったら、その視線に耐えられず泣き出していたかもしれません。しかし、その時の私は泣くどころか言い返し、さらにその男子と取っ組み合いのケンカを始めたのです。この頃から周りの視線は気にしない子だったのでしょう。

現在はＳＮＳを通じて否定的な意見を受けることもありますが、そのような意見に振り回されることはありません。人の価値観や感受性は千差万別です。批判もひとつの意見として受け止めるようにしています。社会経験を積む中で精神的に成長した部分もあると思いますが、こうやって子供の時のことを振り返ると、もともと打たれ強い性格ではあったように感じます。

そんな私の当時のアイドルといえば、モーニング娘。の後藤真希さんです。彼女のパフォーマンスやスタイルに憧れ、トレーディングカードを集めては、友人たちと交換し合うのが楽しみでした。

モテ期到来。やんちゃだった中学生時代

中学生時代

中学生時代を振り返ると、真っ先に思い出すのが校庭の草むしりです。よく走らされたりもしていました。その回数の多さに理由は忘れてしまいましたが、おそらく遅刻の常習や授業をサボるクセ、ケンカなどが原因だったと思われます。

当時は、他のグループのリーダーや先輩と衝突することも少なくありませんでした。そうした行動が生活指導の先生に見つかり、担任の先生のもとに報告されるというのが一連の流れでした。その罰として草むしりを命じられたり、校庭を走らされるわけですが、先生方に不満を感じたり、反発心を持ったことはありませんでした。むしろ先生のことが大好きでした。叱られることも多かった反面、「最も印象に残る生徒」として名前を挙げてもらったこともあり、今思い返すと、それだけ私のことを見守り、気にかけてくださっていたのだと思います。奔放な私を忍耐強く指導してくださった恩師には、今でも感謝の念を抱いています。

そんな中学生時代は、よく告白された記憶があります。いわゆるモテ期の到来です。その中には驚くべき方法で私の気を引こうとしたケースもありました。ある日、学校で私のバッグが紛失したのです。友人や先生たちも一緒になって校内をくまなく探してくれたのですが、日が暮れても見つかりませんでした。そんな中、一人の男子生徒が「どうしたの？」と声をかけてきました。事情を説明すると、彼も探すのを手伝ってくれることになり、しばらくして彼がバッグを見つけてきました。しかし後日、彼がこの「発見劇」を自作自演で仕組んでいたことが判明しました。先生の指摘によると、彼は私の気を引くためにバッグを隠し、自ら発見者として振る舞う計画を立てたとのことでした。彼とは元々友好的な関係でしたが、この行動により距離を置かざるをえなくなったのは言うまでもありません。

また、仲の良い男子から突然、知らない男子の生徒手帳を差し出されたことがありました。生徒手帳の持ち主が私に好意を持っているというのです。直接想いを伝える勇気が持てず、私と仲の良い男子を介してアピールしてきたようでした。そんな間接的なアプローチを受けたことも、今では懐かしい思い出です。

モテ期と聞くと華々しく聞こえるかもしれませんが、実際には悩みや葛藤も多く、一概に楽しいことばかりではありませんでした。特に心に残っているのは、仲良しだった女の子との関係がぎくしゃくしてしまった事です。女の子には好きな男子がいたのですが、その彼が私に告白をしてきた時は、正直ストレスを感じました。その気はなかったので、お付き合いを断ったのですが、女の子との友情には溝ができてしまったのです。相手の気持ちは理解しつつも、まだ精神的に成熟していない私にとって、その状況を受け入れるのはとても困難でした。今思い出しても胸がきゅっと痛くなる思い出です。

CHAPTER 1

ダンスに明け暮れた高校生時代

幼少期に始めたバレエを皮切りに、ヒップホップやジャズなどさまざまなジャンルのダンスを習ってきました。ダンスは私のパーソナリティを語る上で欠かせない要素です。特に高校生時代は踊っていた記憶しかないくらい、ダンス漬けの日々を送っていました。

高校進学後、私はソングリーディング部に所属しました。ソングリーディングとは、チアダンスからアクロバティックな要素を抜き、ダンスの技術や表現力に特化した競技です。それまで親しんできたカジュアルで自由なスタイルのダンスとは異なり、チーム全員が動きや呼吸を揃える一糸乱れぬ演技が求められます。学校見学に行った時、その美しさと迫力に心を奪われ、「自分もこのダンスをやってみたい」と強く感じたのです。

高校への通学時間は片道1時間半。朝練があるので毎朝5時台には起床し、まだ薄暗い時間に家を出ました。放課後は22時近くまで練習していたので、帰り道は真っ暗です。土日も部活でしたし、長期休みには合宿も控えていました。年末年始だけが唯一の休息日です。全てを部活に捧げた生活だったので、引退するまでクラスメイトと遊んだり、バイトをしたり、勉学に向き合うといった、学生らしい日常はほとんどありませんでした。お付き合いをしていた彼氏もいましたが、デートをする時間が取れず、半年ほどで別れてしまいました。

母校は、ソングリーディングの名門校として知られています。コーチは国体で審査員も務めた実力の持ち主で、ダンス業界において、一流の人材を輩出してきた名指導者です。練習は休憩を挟まずに、何時間も踊り続けるようなスパルタ教育でした。あまりにも過酷だったため、過呼吸になって救急搬送される部員も珍しくはありませんでした。もちろん私も該当者です。ハードな

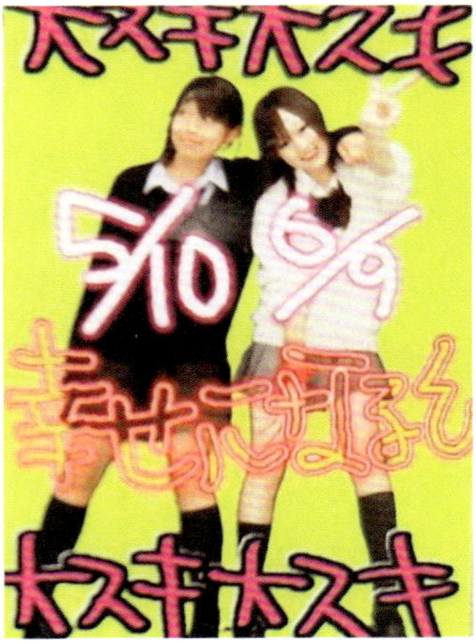

高校生時代

練習についていけず、早い人だと1ヶ月、半年後には半分ほどの部員が退部していきました。あの頃には二度と戻りたくはありませんが、あの練習量だったからこそ名門と称される強いチームに育ち、国体にいける実力が身についたのでしょう。

部員は1年生から3年生までで30〜40人ほど在籍していましたが、大会には10人程度のチーム編成で臨むため、選抜オーディションが行われます。30〜40人の中からまず10人に絞られ、さらにその中からセンターを選ぶオーディションが実施されました。これらのオーディションは事前告知がなく「明日オーディションを行う」と突然発表されるのです。普段は励まし合う仲間たちも、この時ばかりはライバルです。緊張感と刺激に満ちた日々の中で、私たちは技術だけでなく精神力も鍛えられたと思います。

そんなある日、椎間板ヘルニアを発症してしまいます。椎間板ヘルニアとは、背骨の間のクッション材である椎間板（ついかんばん）が変形

高校生時代

して飛び出し、神経を圧迫する病気です。初めは痛みにどう対処すればよいかわからず、過度な練習で状態を悪化させてしまうこともありました。しかし一学年上に、同じ症状を抱えながらも、卓越したパフォーマンスで周りを魅了する先輩がいたのです。その先輩が目をかけてくださったこともあり、徐々にヘルニアの対処法もわかるようになって、再びダンスに集中できるようになりました。

そして迎えた高校2年生最後の大会。周りからの推薦を受けてキャプテンに就任し、全国大会で念願の優勝を果たしました。練習に明け暮れ、仲間たちと切磋琢磨した2年間。社長業をしている今よりも多忙だったと思います。ヘルニア発症で、一時は体がいうことを聞かなくなり、「もう思い切り踊れないのかもしれない」という不安や恐怖を感じる経験もしました。しかし目標としていた結果に手が届き、すべての努力が報われた瞬間の喜びは、言葉にできないほど大きなものでした。これは初めての成功体験といっても過言ではありません。努力の価値を教えてくれた経験であり、私の人生においてかけがえのない財産となりました。

ファンからの質問に回答

about

NAIL

生まれ変わっても

ネイリスト。

ネイルの仕事が

天職だと思う。

1

— 接客、施術で意識していることは？

まずは、お客様ファーストです。ネイリストの仕事は技術半分、接客半分で評価されると思っています。

実は、接客方法を新規とリピーターの方と意識的に変えていて、新規のお客様には、声のトーンも２トーン上げ、喋り方も丁寧にしています。普段私のインスタライブを見ていただいてる方からするとイメージがガラッと違うかもしれません。私のことをある程度知ってくださったリピーター様には近い距離感で少し踏み込んだ濃密な話も楽しみます。意識的にキャラ変するんですすが、どちらも嘘偽りない私なんですよね。

2

— 接客は得意ですか？

10代の頃に居酒屋でバイトをしていた時もそうなんですが接客は得意なのかもしれません。

注文を取りに行く際に単品メニューよりコースを注文してもらった方がお店としては売上が上がるため、コース獲得数のノルマのようなものがあったのですが、その居酒屋の全店舗でコース獲得数が１位だったんです。お客様に対して元気よく、賑やかな雰囲気で接客をし、楽しんでもらえるようご案内していました。「キャバクラで働いたとしても No.1 になれるよね（笑）」と友人やお客様にもよく言われます。

3

— スタッフ教育で伝えていることはありますか？

常に言っていることですが、お客様からまたサロンに来たい！そしてこの人にネイルをしてもらいたい！と思ってもらえるような会話をするように伝えています。

私自身もネイリスト1年目の時からお客様との会話は意識して考えながらしていたことなので、次回来店につながる会話をしています。

4

— ネイリスト1年目の失敗はありますか？

大きな失敗はないかも。

どんなに二日酔いでも遅刻もしたことがありません（笑）。

5

— ネイリスト初期から変わらない信念はありますか？

ネイルを仕事と思わないこと。

楽しくなければネイルじゃない！と思っています。ネイルは私の趣味でもあるんです。

6

— 施術、商品開発、経営、イベントどれが一番向いていると思いますか？

施術ですね。

商品開発のアイデアはふとした瞬間にパッと思いつくので、いつアイデアが浮かぶかわからず。なので期日が決まっていたりするとそのタイミングに合わせて動かなければいけないので私の中で難易度は高いと思います。イベントの準備もとても大変ですが皆さんに会えるのでとても楽しいです！

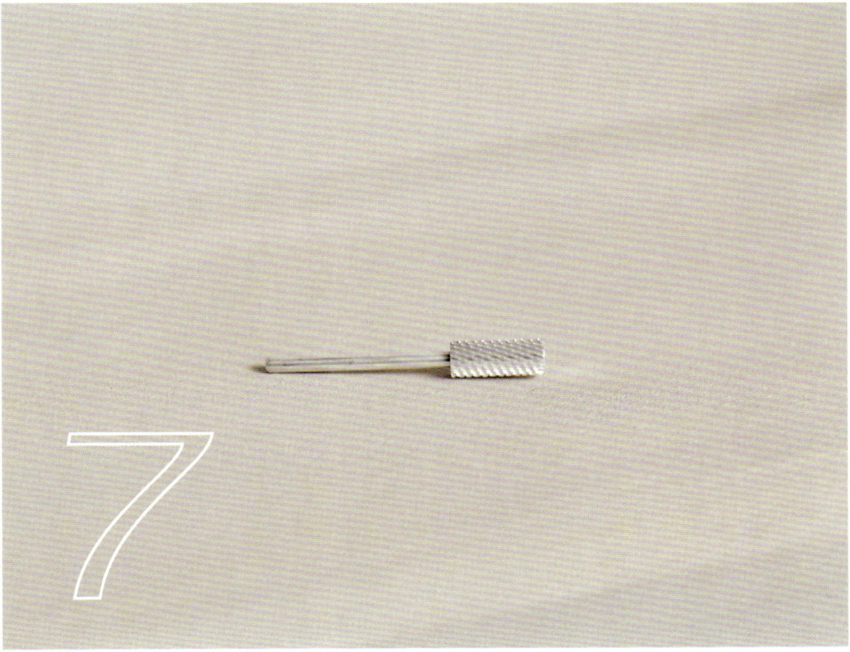

— オススメのビットはありますか？

2年ほど前に発売した私がプロデュースした énoi×NP シャンパンビット ex コースのビットです。

時短を追求した結果、目を粗くすることで早く削れるビットを作りました。マシン経験者の方にぜひオススメです。

8

— ネイリストという仕事に就いて良かったことは？

お客様に1対1で向き合う仕事なので、
お客様の反応や感謝の言葉が
ダイレクトに伝わるところがとても良いなと思います。

美容師さんもお客様との距離が近いと思うのですが、ネイリストは対面での接客なので話せる内容も割と親密で面白いです。

9

— ネイリストを辞めたいと思ったことはありますか？

今まで一度もないんです。
仕事に行きたくない日もないし、
お客さんがつかない、売上が上がらない…
という道を通ってこなかったので
あまり悩んだこともないんです。

ネイリスト1年目（郊外のサロン勤務時代）でも指名数も1ヶ月120名程、売上も80万円以上あったので褒められることしかなかったんです。

10

— ネイル業界の今後の流れはどうなると予想していますか？

SNSにより個人の発信力が強くなっているので、メーカーとではなくネイリスト自身で商品を作ったりする人ももっと増える気がします。

あと、業界としては“プロネイリスト”と“セルフネイラー”をわけて考えている気がするのですが、私はネイルをしている人みんなが仲間という風になったら良いなと思っているのでプロネイリストとセルフネイラーを差別化したくないんです。なので、énoiの商品は一般の方でも購入できますし、インスタの施術ライブもセルフネイラーの方にもたくさん視聴していただいています。プロの施術を一般公開することでセルフネイラーの方も正しく学べる機会になって良いのではと思っています。

11

— 有名になるためにやってきたことは？

ネイリストになって15年。多くの方に知っていただけるようになったのはInstagramのおかげだと思うのですが、Instagramも有名ネイリストになりたくて始めたわけではないんですよね。本当にたまたまバズってしまって。戦略的に投稿していたわけではないんです。

強いてバズった理由を考えるとしたら、リールやインスタライブなど新しい機能が追加されたら真っ先に駆使し、自分自身も楽しくて動画をコツコツと作っていたからなのかなと。

今ではネイリストの皆さんもたくさんされていますが、インスタライブ機能が追加された当初から私は施術ライブをしていて、技術もすべて隠さず出しています。こんなにすべて技術を見せる人はいないと言われることもありますが私はネイルが好きな人がもっと増えてほしいと思っているのでこのスタイル。インスタライブも好きなんですよね。なので、Instagramを始めた時代がたまたまマッチしていただけなのかもしれません。

12

— 今からInstagramをスタートするとしたら戦略は？

私が今、18歳の新人ネイリストだったとしたら、Instagramの世界にはライバルがたくさんいすぎるので

勝負せずInstagramは始めないかもしれません。

13

— ネイリストにならなかったら何になりたかったですか？

刑事になってみたかったです。

ドラマ「BOSS」が大好きで、今見ても面白そうだなと思います。

14

— 一生黒か白どちらかのネイルしかできないとしたら、どちらのネイルを選ぶ？

白のネイル

15

—ネイルに関して才能があるかも！と
思う人に共通していたことはありますか？

ネイルをすることが何より楽しそうなこと。

あと、ネイルに対しての愚痴を聞いたことがない人。

16

— 何歳までネイルがしたいですか？

手が動くまで。

ファンからの質問に回答

about

énoi

énoi 3年目。

業界を超えて

まだまだ

挑戦したいことがある。

17

— énoiとして挑戦したい夢はありますか？

ネイル業界に留まらず、業界の枠を超えて énoiを成長させることです。

以前スキンケアブランドのMEGOOD BEAUTYとのコラボも挑戦の一つでした。型にハマらずにいれば可能性はたくさんあると思っています。

18

— énoiの推しポイントは？

唯一無二であること。

大体シリーズごとに100色前後のカラーサンプルを作ります。その中から最終的に10〜20色が採用されます。これだけの数の試作を作ると時間もお金もかかりますが、その微妙な差も見極めたいし妥協しません。徹底して、最高と思えるものを作っているのですべて自信作です。

19

— énoiのジェルで一つしか使えないとしたらどれを使いますか？

ダイヤモンドフラッシュジェルの23番！
このカラー1個で月100万円以上売上が
出せるんじゃないかなというくらい
誰でも好きなカラーだと思います。

20

— 今まで発売したénoi商品で思い出深いものを教えてください！

énoiで最初にローンチしたgel polish。

5色セットで販売し3000万円分くらい商品を作って、販売開始2～3分で完売しました（嬉涙）。

21

— ぷるマグを世に放つ時バズると思っていましたか？

思っていました。

サンプルが上がって商品ができた瞬間、感覚的にわかるんです。どの色が一番売れるかどうかの勘も当たるんです。

22

— 人生で成し遂げたいことは？

社員全員が年収 2000 万円超え。

そんな企業はまず無いんじゃないかなと思うのですが達成したいと思っています。入社2ヶ月目のネイリストで月収60万円です。ネイリストは稼げない！と言われたり思われがちですがその概念を払拭したいです。

23

— スタッフと上手く関わるコツはありますか？

全て気持ちの問題で“コツ”じゃないんですよね。愛を注ぐだけです。

とある経営者の方とお話ししているときに言われたのですが「AKINAさんて、スタッフの子の話しかしないよね？」って。そう言われたように常に私は、私のことが一番ではなくてスタッフや私に関わる人が喜ぶか？楽しそうか？ということばかり考えています。みんなの喜ぶ顔を見ることが自分の給料だと本気で思っています。
サロンワーク以外の業務も多く、サロンスタッフと関わる時間が少なくなってしまいますが、なるべく時間を作り相談に乗るようにスタッフとのコミュニケーションを大切にしています。

24

— 経営者として成功するには？

色々な経営者の方々とお話しする機会がありますが

ネイルに限らず経営する上で
1番大切だと思っていることは、人。

皆さん頭の中は“売上、稼ぐこと”が1番になっていて、私の場合、売上や稼ぐことが経営する上で最初に来るわけではないんです。スタッフもお客様も関係者も含めてそのビジネスに関わる姿勢だと思うんです。だから私は一人では仕事をしたいと思わないし、チームで仕事がしたいんです。ジェルを開発した理由も皆さんからジェルを作って欲しいという声があったので作り、énoiのサロンをオープンしたこともネイリストの居場所を作るため。常に“私が”というより“誰かのために”という気持ちなんです。そうすることで結果としてビジネスが大きくなっていきました。

— 会社の最高売上は？

月商2億。

25

厳密に言うと1日で1億3千万円売上。先日(2024年11月)先行発売したénoiの新商品ジェルは2分で用意していた6千万円分が完売しました。ネイル業界では不可能なんじゃないかなと思う売上だと思います。皆様のおかげです！

ファンからの質問に回答

about

MIND

自分のテリトリーを

一生幸せにしたいと

心から思う。

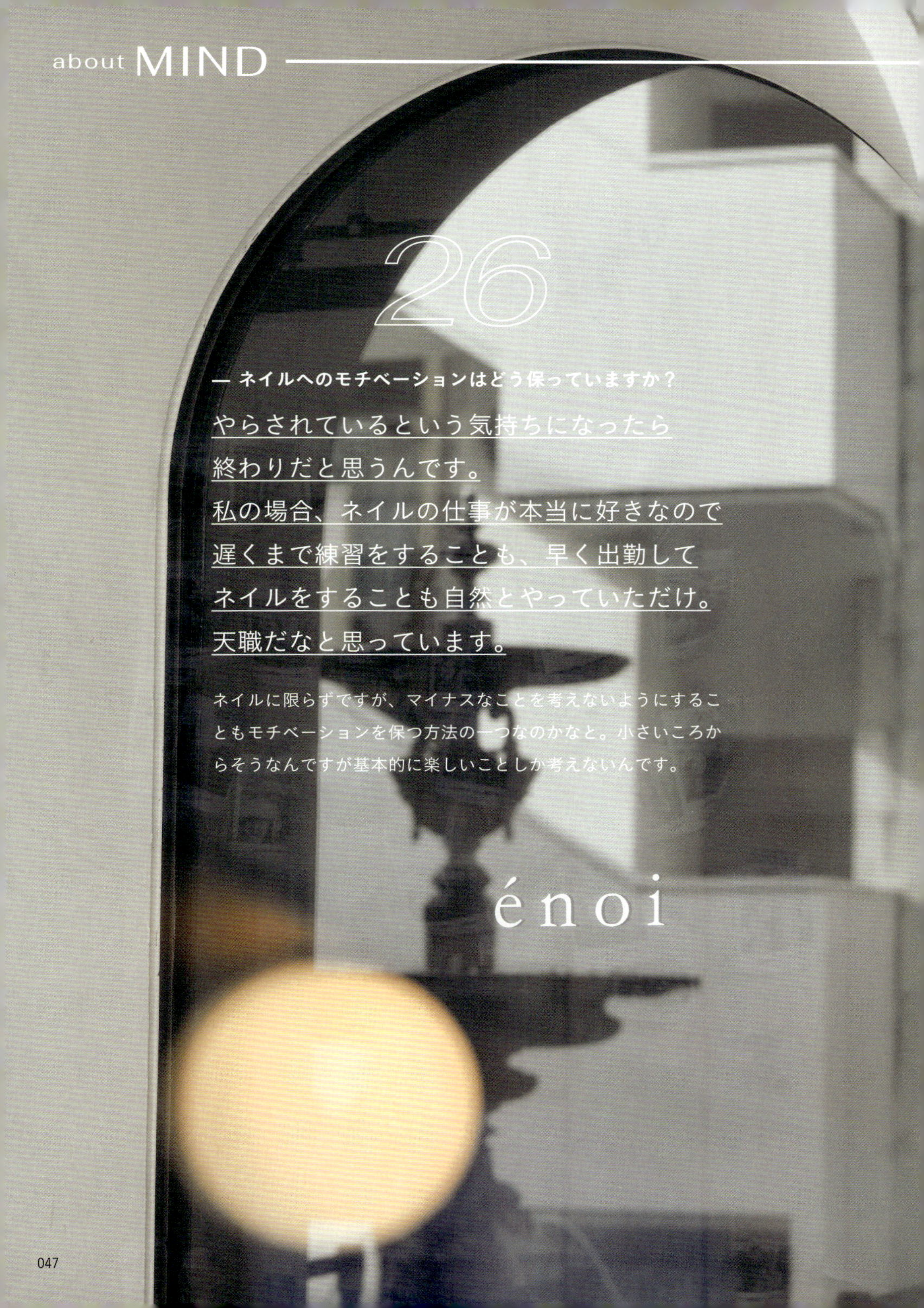

26

— ネイルへのモチベーションはどう保っていますか？

やらされているという気持ちになったら終わりだと思うんです。私の場合、ネイルの仕事が本当に好きなので遅くまで練習をすることも、早く出勤してネイルをすることも自然とやっていただけ。天職だなと思っています。

ネイルに限らずですが、マイナスなことを考えないようにすることもモチベーションを保つ方法の一つなのかなと。小さいころからそうなんですが基本的に楽しいことしか考えないんです。

27

— 生き方で大切にしていることは？

一つの事柄に「辛いな〜嫌だな〜」と
思いながら頑張るのと「楽しい」という
思考で努力するのでは同じ時間をかけても
得られる結果や質が違うと思うんです。

だから、良い時も悪い時も努力も全部、楽しんでやること。あと、本当に嫌だなと思うことにはそもそも取り組みません。だから失敗しないのかも？

28

— 高い目標の叶え方を教えてください

常に目標からの逆算式ですね。

スタートからプラスしていくとゴールがブレてしまうので、明確なゴール（目標）から逆算していく方がやるべきことが見えてくると思います。基本的に今までこの考え方で目標を叶えてきました。

29

— いつから独立を考えて、どのように行動しましたか？

皆さんには、私がサロン経営がしたい、独
立したい！と思って行動していた様に
うつっていたかもしれませんが、
実は違うんです。

独立をしよう、したい！と思ったこともなく、話はすべて舞い込んできて、流れにのったという感じです。

30

— 強メンタルはどこで形成されましたか？

1番は高校の部活動時代の経験だと思います。

死ぬほど頑張ったし、あれ以上大変なことはないと思うくらいあの環境で3年間辞めずにいたことが全てにおいて強くしてくれました。
好きな言葉は「死ぬこと以外は、かすり傷」。そう思っていればなんとでもなります。

31

— 不安に押し潰されそうなことはありますか？

普段マイナスのことを考えないのでほぼないのですが、新商品発売の前は、みんなの期待に応えられるか多少メンタルが不安定になることもあります。

ですがほんの一時的。

32

— これだけは絶対にブレないということは？

意外と私って頑固じゃないんですよ。

ファッションもネイルも基本的には新しいものが好きなので好みも変わったりするし。意外とブレブレかも !?

33

— 幸せを感じる瞬間は？

スタッフが喜んでいる時。自分がしてあげたことで友達が喜んでいる姿を見た時。

34

— 人生の転機は？

前サロンを辞め、別の道を歩むことになった時。

35

— 自分らしさの見つけ方は？

無理に自分らしさを見つけようとせず、
自分の心に嘘をつかず素直に楽しく生きていれば、
自ずと自分らしさが見えてくる気がします。

énoi

énoiがここまで来れたのは

難しいことは何もしていなくて

シンプルに愛を惜しまず注いでいるだけ

CHAPTER

2

ネイリストデビュー

サロン勤めをしながら、

ダンスでは世界に挑戦。

そして、思いがけない

出来事が起こります。

大学に通いながらネイルスクールへ

高校卒業後は、語学力を活かしたグローバルな未来を見据えて、国際学部のある大学に進学しました。この時期、東京都・亀有にあるネイルサロンに通い始めたことが、後のキャリア形成に大きな影響をもたらします。サロンで出会ったネイリストさんとの親しい交流をきっかけに、次第にネイルそのものに興味が湧いてきたのです。「この人にネイルを教えてもらえたら」と思い描いていた矢先、偶然にもサロンの社長と話す機会がありました。

ネイルに興味があることを伝えると、サロンが運営する少人数制のネイルスクールを紹介してくださいました。担当のネイリストさんから「マンツーマンで指導が受けられる」と聞いて、すぐにスクールへの入学を決意しました。ネイルスクールのカリキュラムは1年半の修了を予定していましたが、想定以上のスピードで技術の習得ができ、わずか半年での卒業となりました。同時に亀有のサロンからフルタイム雇用の打診を受けたのです。学業の隙間時間に行うアルバイトではなく、正社員としての採用でした。

学歴が不要とは言いません。ただ私は在学中に学んでいたことが将来に直結するイメージが持てなかったのです。結果として、大学2年生の春に中退し、ネイリストとしてのキャリアをスタートさせました。

社会人チームで世界に挑戦

高校時代、学生生活の全てを捧げて頑張っていたダンス。大学進学後は、社会人で日本一強いと名高いダンスチームに加入しました。社会人チームは、世界大会への挑戦を目標とする環境でした。チームには約１００名のダンサーが在籍し、ヒップホップ、ジャズ、ソングリーディングといったジャンルごとのグループに分かれていました。どのジャンルに所属するか、希望を出せるものの、所属できるかはオーディションで決まります。私はヒップホップグループへの参加を希望しました。

オーディションの審査員は、外部から招かれた超一流のヒップホップダンサーです。審査基準は年齢や経験ではなく、純粋なダンススキルのみ。結果として、私はオーディションに合格したのですが、手放しに喜べる雰囲気ではありませんでした。他のジャンルのグループは20名程度いる中で、ヒップホップグループは全員で７名編成。私以外のメンバーは全員が経験豊富なベテランの方ばかりでした。また加入1年目で合格した人は前例がなかったようで、チーム内に微かな動揺が広がりました。

さらに私が直面したのはセンターへの抜擢という思いもよらない展開でした。フォーメーションの発表で自分がセンターに配置されていることを知った瞬間、喜びと同時に戸惑いもありました。私の実力を評価してくれた外部審査員の判断に感謝しつつも、ベテラン揃いの中で新人の私がその位置に立つことへの周囲の視線は明らかに冷たいものでした。「なぜあの子が？」「あり得ない」といった声が聞こえてくるような雰囲気の中、私はこれまで経験したことのない孤独感に苛まれました。そんな時、心の支えとなったのが同期の存在でした。所属グループこそ違いましたが、練習後に交わす他愛のない会話や励ましの言葉が、どれだけ私の心を軽くしてくれたでしょう。仲間の存在があったからこそ頑張ることができたと、改めて実感しています。

世界大会が近づく頃、パフォーマンスの仕上がりを発表するお披露目会がありました。他のグ

20代前半

ループの発表時には、見ている側から歓声が飛び交い、特にセンターに立つダンサーの名前が大声で呼ばれるのが通例でした。しかし、私たちヒップホップグループがステージに立った瞬間、場内は静まり返りました。仲の良い同期たちも先輩を差し置いて、私の名前を呼ぶわけにはいきません。張り詰めるような空気の中、パフォーマンスが始まり、他の６人の名前は呼ばれても私の名前が呼ばれることはありませんでした。こんな経験は初めてだったので、驚きとショック、そして自分の存在が否定されたような感覚が押し寄せてきました。

そんな様子を見たコーチが後日、フォーメーションの変更を発表しました。私はセンターから端へ移動となり、センターにはベテランのグループリーダーが立つことになったのです。胸の奥底から悔しさが込み上げてくるのを感じながらも、この変更はグループ全体の調和を考慮した判断だと理解しました。

重要なのはポジションではなく、大会でチーム全体として最高の結果を出すことだと自分に言い聞かせ、再び練習に励みました。世界大会本番には、２００以上の国が参加し競い合う中、私たちのグループは銀メダルを獲得することができました。この結果は、私の人生における自慢の一つであり、大きな自信にもなりました。

社会人チームでの活動は1年半に及びましたが、所属していた後半はすでにネイリストとして仕事をしており、ダンスの活動とサロンワークの両立に限界を感じていました。さらに、ヘルニアの悪化により練習に参加できない時期もありました。そんなある日のこと、チームの代表から「子供たちにダンスを教える道もある」という提案を受けた時、心の中に一つの区切りが訪れたように感じました。これまで夢中に打ち込んできたダンスから少し距離を置き、これからは趣味として楽しむという選択肢が自然と頭に浮かんだのです。同時に、ネイリストという職業に全力を尽くす覚悟が決まった瞬間でもありました。

3・11のボランティアで得た経験

２０１１年3月11日に発生した東日本大震災。宮城県北部では観測史上最大規模である震度7が記録され、甚大な被害をもたらしました。この出来事は多くの人々の記憶に刻まれ、歴史に残る未曽有の災害となりました。その震災発生から間もない頃、私はボランティア団体に参加し、1週間ほど宮城県石巻市で復興活動を行いました。それまで支援活動に携わった経験もなく、特別な動機があったわけではありません。それでも、偶然目にしたボランティア募集に強く心を動かされ、「行かなくてはならない」という感情が湧き上がってきたのです。

なぜそのような気持ちになったのか、明確な理由は今でもわかりません。ただ、その時の私の中には純粋に「誰かの力になりたい」という思いがありました。きれいごとのように聞こえるかもしれませんが、そうした本能的な感情が私を突き動かしたのです。当時、私はすでに実家を出ていたのですが、両親にも誰にも知らせず、一人でボランティア団体の活動に加わりました。ボランティア活動は初めての経験でありながら、不思議と不安を感じることはありませんでした。しかし、バスが石巻市に到着した瞬間、その光景と空気に圧倒されました。

私たちが寝泊まりした体育館では深夜になると、突然飛び起きて叫び出す人や、不安のあまり泣き出す人もいて、普段の生活では決して体験し得ない光景がそこにはありました。

さらに、現地では電気・水道・ガスといったライフラインがすべて途絶えており、明かりもお湯もない状態でした。震災直後の現場で感じたのは、普段当たり前だと思っている生活基盤が失われることが、どれほどの不安やストレスを人々に与えるかということです。善意と使命感を胸に現地入りしたボランティアも、目の当たりにした悲惨な現状に心が折れ、途中で帰る人も少なくありませんでした。

ボランティア活動の内容は、瓦礫の片付け、被災者への物資配布、避難所の清掃など多岐にわたりました。作業をしながら、身体的な疲労ではなく精神的な不安の方が大きかったことを覚えています。「自分がどれほど役に立っているのだろう」と自問する時間も多く、圧倒的な被害を前に無力さを感じる瞬間も少なくありませんでした。

そうした中でも、現地の方々からかけられる「ありがとう」という言葉の重みは格別でした。作業中にふと声をかけられたり、避難所で話しかけられたりするたびに、その言葉がどれほど大きな力を持つものかを実感しました。それは単なる感謝の言葉ではなく、生きる意志や希望を共

20代前半

有するような、人と人との深い繋がりを感じさせるものでした。

　あの1週間で、私がどれだけの貢献ができたかはわかりません。ただ、あの時に見た光景や、現地で感じたこと、そしてかけられた「ありがとう」の一言は、今なお私の中で生き続けています。

亀有のサロンから表参道へ

　亀有のネイルサロンで働いていたある日、私は大きな決断をしました。当時一緒に暮らしていたパートナーとの別れを機に、職場と住居の両方を見直すタイミングだと考え、転職と引っ越しを決意したのです。兼ねてからもっと都内の中心部で働きたいと思っていたことを会社に伝えたところ、代表から表参道への新店舗出店を打診されました。これは私自身のキャリアをさらに広げるチャンスでした。

私が提案を受けた背景には、これまでの成果がありました。まずは施術のスピードが圧倒的に早かったということです。一人の施術時間は平均50分。お会計や仕上がり写真の撮影も含め、1時間以内に完結させることを徹底していました。時には30分で仕上げることもあり、この効率の良さで1日10人もの施術をこなすことができました。その結果、毎月発表される売上ランキングでは常に首位。先輩たちから「こんなに早く成果を出す人は見たことがない」とお褒めの言葉をいただいたこともありました。このような経緯で新たに表参道店がオープンする運びとなり、私は亀有店から異動となったのです。

こうして表参道店は私を含めた3人のオープニングメンバーでスタートを切りました。場所はénoiのすぐ近く（現在は閉店しています）。お客様からの支持も着実に獲得し、予約枠はすぐに埋まり、ネイリストとして充実した日々を送っていました。しかし労働環境は非常に過酷なものでした。

勤務形態は早番・遅番の2交代制でしたが、早番で出勤しても閉店時間まで働くことが日常化していました。さらに売上がいくら高くても、毎月の給与は20万円と低賃金。あらゆるストレスが蓄積し、ついには体に異変が現れました。帯状疱疹を発症し、働き続けることに限界を感じ始めたのです。

そんな中、とある女性のお客様が来店されました。話しやすく、施術中もプライベートな話題で盛り上がり、私が置かれた労働環境についても相談していました。私にとって彼女は、世間を知る社会人の先輩として、アドバイスを求められる貴重な存在でした。

ある時、彼女が突然こう切り出しました。「実はＡＫＩＮＡさんのお父さんが経営している会社の社員です」。その瞬間、私は驚きと戸惑いを感じました。両親はすでに離婚しており、母が親権を持っていたため、父とは連絡を取ることなく過ごしていたのです。彼女は私の状況を父に伝えていたそうで、次にこう言いました。「お父さんが出資するので、自分のお店を持たないかと言ってくれています」と。

父は一代で会社を築き上げた経営者であり、彼の目には私が勤めていた会社の労働環境が非合理的に映ったのかもしれません。娘を救いたいという想いから出た提案だったのでしょう。この話を母に相談すると案の定、反対されました。

父からは、「経営には一切口を出さない」「すべてをＡＫＩＮＡに任せる」という条件が提示されました。ネイルを一生の仕事にすると決意はしていましたが、キャリアも浅かったことから独立まで意識はしていませんでした。しかし、独立の輪郭が見えるような機会が突然訪れたのです。何より現状から抜け出すきっかけが欲しくて、母には申し訳ないと思いながらも、父が差し伸べてくれた手を取る覚悟を決めました。

そして勤めていたサロンを退職し、オープンしたのが「Ｓａｌｏｎ ｄｅ Ｖｉ２（サロンドヴィヴィ）」です。

ファンからの質問に回答

about

FASHION & BEAUTY

ファッションは

カジュアルが好き。

美肌の秘密も公開。

36

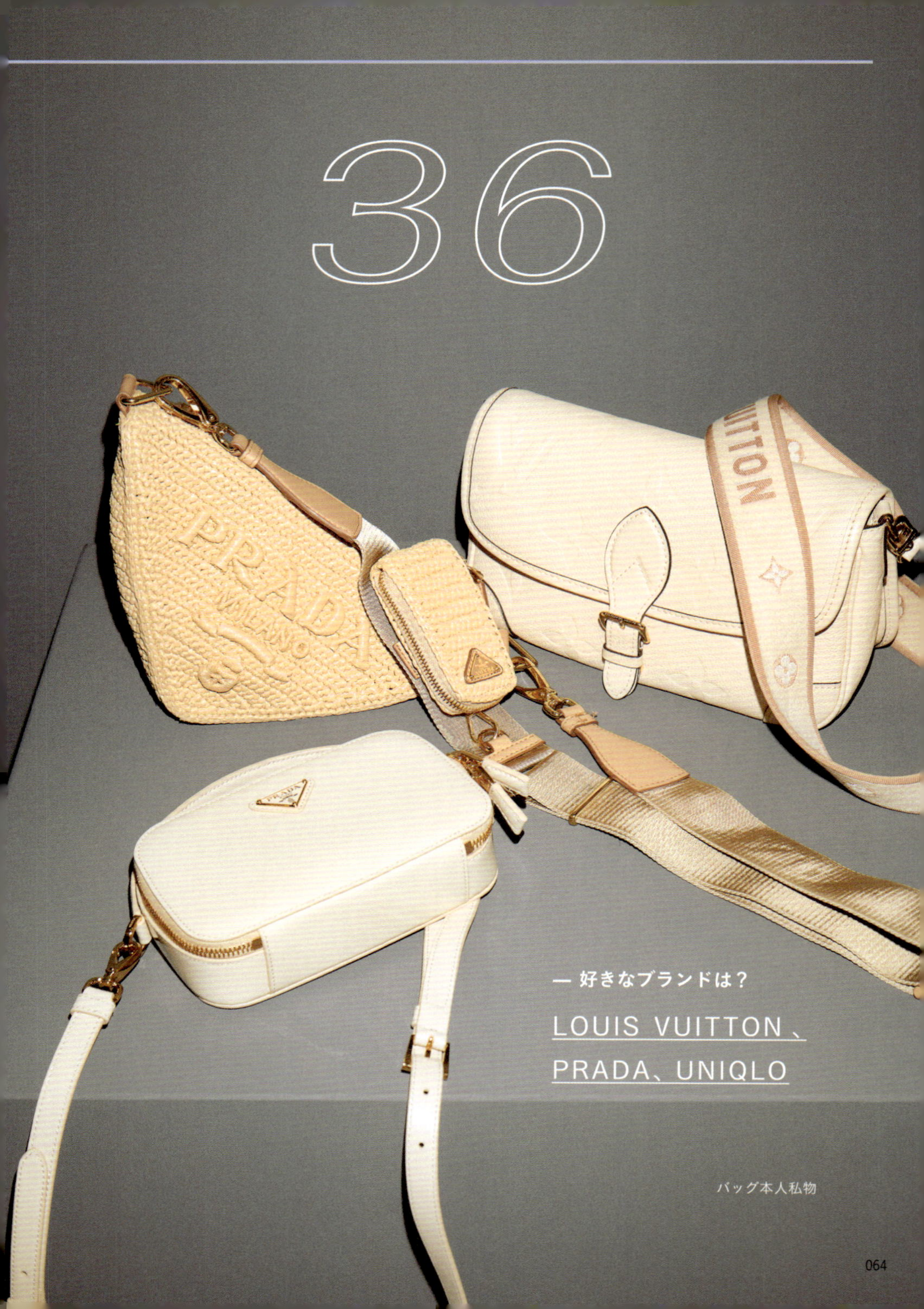

— 好きなブランドは？

LOUIS VUITTON、PRADA、UNIQLO

バッグ本人私物

37

— ハイブランドのアクセサリーでお気に入りはありますか？

Cartierのネックレスとリングはずっとつけていますね。

38

―スタイル維持のために
していることは？

トレーニングは欠かせません。

4〜5日に1回程度通っています。ダンスも最近スタジオを借りて行ったり。あとはスタイル維持のためではないのですが就寝前の4時間は何も食べません。

39

— お気に入りのスキンケアアイテムを教えてください。

韓国のスキンケアブランドSAM'Uのシリーズを6年ぐらい愛用しています。

本当に好きで勝手にPRしていたんです。そうしたら最近お声がかかってQoo10でSAM'UのAKINA美肌セットが発売されました。
SAM'Uのシリーズは、常に安定した肌をキープしてくれるところが好きです。使い始めた6年前の肌と今の肌質が変わらないのはSAM'Uのおかげだなと思います。季節も問わず、どんな調子でも同じ状態の肌でいられるんです。

左から
SAM'U PH SENSITIVE MASK SOOTHING & MOISTURE
SAM'U GALACTO PORE SERUM
SAM'U PH SENSITIVE FACIAL TREATMENT
SAM'U PH SENSITIVE TONER
SAM'U PH SENSITIVE AMPOULE
SAM'U PH SENSITIVE CREAM
SAM'U PH SENSITIVE TONER PAD

すべて本人私物

mgb skinのPORE PERFECTOR MASK（シートマスク）は特別な日の前に使うスペシャルケアとして愛用。

5日間続けて使うことで翌日の肌ツヤやメイクのりが変わると実感できたシートマスクです。mgb skinのHIGHCERA BOOSTER（導入美容液）もお気に入り。洗顔後のはじめに使うことでその後のスキンケアの効果をより実感できるアイテム。

shu uemuraアルティム8∞ スプリム ビューティ クレンジング オイル nを超えるものはないですね。10年くらい使ってます。W洗顔不要なところもお気に入りです。私の場合、これてクレンジングを2回します。

左から
shu uemura アルティム8∞ スプリム ビューティ クレンジング オイル n
mgb skin HIGHCERA BOOSTER
mgb skin PORE PERFECTOR MASK

すべて本人私物

―香水は何を使っていますか？

BYREDOのBAL D'AFRIQUE（バル ダフリック）と BLANCHE（ブランシュ）

JO MALONE LONDONのイングリッシュ ペアー＆フリージアの３種類を日によって選んで使っています。

40

41

— 歯の治療は何をしましたか？

歯の矯正後、歯を削らないセラミック、ラミネートベニアをしています。

取り外しがいつでもできて色も変えられるタイプです。歯はジルコニアにしていて、上の歯8本、下の歯8本を日本の歯科医院で施術しました。

42

— 美白の秘訣は？

肌は日々の積み重ねだと思うのでスキンケアも大切ですが、12月に1度Qスイッチレーザーでシミなど気になる箇所をすべてキレイにして、その状態をキープするために

3週間に1度フォトシルクプラスを施術しています。

43

— カラコンは何を使っていますか？

ユリアルマックスのアールグレイというカラーがお気に入りです。

44

— 整形した箇所は？

以前、片目だけ埋没法をしました。

あとは、クマ取りと頬に脂肪移植をしたことがあります。

45

—１週間コーデが見たいです！

週２回はスウェットの日があります。帽子もスタイリングのポイントになるので取り入れることが多いですね。ピタッとボディラインが出る洋服より、ラフにカジュアルに着られる洋服が好き。ふらっとお店に立ち寄って可愛い服に出会ったら買うというスタイル。

— 愛用コスメを見せて！

46

化粧品は海外で買うことが多いですね。
基本的にパケ買いです。
発色も良いのでアイシャドウはパレットタイプが好きです。

1

2

3

4

5

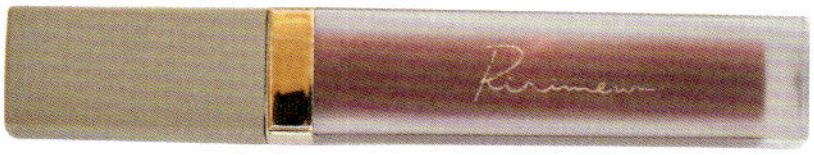

6

8

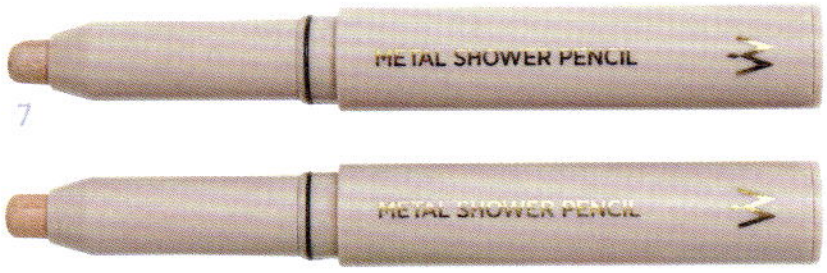

7

9

10

12

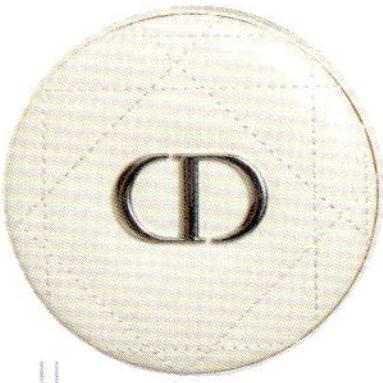

11

13

1. URBAN DECAY NAKED3 SOFT PINK EYESHADOW PALETTE
2. NOVO SMART EYES ARTISTIC EYESHADOW PALETTE
3. HUDA BEAUTY THE NEW NUDE EYESHADOW PALETTE
4. rom&nd BT PALETTE00
5. WAKEMAKE SOFT BLURRING EYE PALETTE 15
6. Ririmew SENSUAL FIX TINT01
7. Wonjungyo metal shower pencil 01、02
8. M・A・C STUDIO FIX CONCEAL AND CORRECT PALETTE LIGHT
9. XIXI highlighter pen 02#
10. NAMING. LAYERED FIT CUSHION 17Y
11. DIOR SKIN FOREVER COUTURE LUMINIZER 02
12. NATASHA DENONA RETRO GLAM EYESHADOW PALETTE
13. ELESSY KNOW YOU BETTER ILLUMINATING HIGHLIGHTER 04

すべて本人私物

47

— つい集めちゃうものはありますか？

ファッション小物だと帽子が好きですね。

CA4LAのものが多くてあとはハイブランドのPRADAやLOUIS VUITTONのものも。猫ミミ帽もいくつか持っています。

帽子すべて本人私物

PINK

PRADA

LOUIS VUITTON

LOUIS VUITTON

48

PRADA

PRADA

PRADA

— イベントで着用していた衣装大公開！

イベントなどで着用する衣装について「どこの？」と質問されることが多いので一部お披露目します。

バッグなどもそうですが、衣装もPRADAやLOUIS VUITTONのものが多いです。

すべて本人私物

49

— 愛用ハイブラバッグを見せて!

バッグはLOUIS VUITTONが多いですね。

荷物が少ないので持っているものはショルダータイプのミニバッグばかり。

バッグすべて本人私物

50

— お気に入りのリップは？

shu uemuraのルージュ アンリミテッド アンプリファイド ラッカー AL WN283と AL RD163の赤いリップもお気に入り。

すべて本人私物

51

— これだけは欠かせない毎日メイクで使うものを見せて！

下地はClé de Peau Beauté ヴォワールコレクチュール n。SISTER ANNのリキッドブラシペンアイライナーはウォータープルーフで極細ラインが描けます。マスカラはMAYBELLINE NEW YORKのラッシュ センセーショナル スカイハイ ベリーブラック ウォータープルーフ。この３点下地とアイライナー、マスカラは絶対使います。

すべて本人私物

— サロンワークのファッションは？

サロンワークは基本的にスウェット。

オフィス作業の時、プライベートでもスウェットをよく着ています。ロンドンの新鋭サスティナブルブランドのPANGAIAのスウェットが大好きです。

すべて本人私物

52

ファンからの質問に回答

about LOVE

みんなから

質問が多かった

私の恋愛観、

初告白。

53

— 愛かお金。どっち？

お金。
お金から愛は生まれると思うので。

極論、お互い10万円の給料しかないカップルだとしたら何もできないし、お金があればいろんな経験ができて、そこに愛が生まれるかなと。お金がすべてではないけどお金はあったほうがいいと思っています。

54

— 好きなタイプは？

イケメン
身長が高い
優しい人（笑）。

55

— 今の恋愛事情は？

スキピがいます（照）。

年下のイケメンです。
あとは内緒。

56

— 最近異性に蛙化したことは？

好きな人には蛙化しないんですけど、
行動というより言動に蛙化しちゃうかな。

タクシーの運転手の方にタメ口を使ってる人に蛙化します。

57

— 過去の恋愛を教えてください。

年上6割、年下4割。
付き合ったらすぐに同棲しちゃいます。

今は2年くらい彼氏がいません。

58

— 何フェチですか？

腹筋フェチですね。
あとニットからの萌え袖。

タートルネックのニットが似合う人にキュンとします。

59

— 彼氏に対してはかまってちゃんですか？

そんなことはないかも。

60

— 結婚願望はありますか？

なし

結婚したい！と思った人と出会えた時に初めて結婚願望が湧くのかな。

61

— 付き合った人数は？

4人かな(笑)。

62

— こんな男はやめておけ、どんな人？

お金がないより、キレる人

63

— ネイルを始めてから大恋愛しましたか？

18歳からお付き合いしていた
9歳年上の彼が大恋愛でした。

フロポーズされて、結婚する？というところまでいきましたが、まさかの浮気をしていたことが発覚(泣)。彼の実家が地方だったので、ネイリストを辞めて嫁ぐ話まで出ていたんです。ネイリストを辞めていたら今の私はなかったですし、今となれば結婚しなくて良かったです。

— もし浮気をされたら？

浮気されたら一瞬にして冷めてしまうタイプ。

なので大恋愛した彼と別れた後に、再度プロポーズをされましたが私の心はシャットダウン。浮気を許す、許さないじゃなく一気に試合終了です。

64

65

— 大好きな推しに結婚しよう、仕事辞めて欲しいと言われたら？

…辞めるかも(笑)。

— 好きなことが一緒の人と許せないことが一緒の人どちらが良い？

許せないことが一緒の人。

66

67

— 世界一貧乏だけどイケメン、世界一お金持ちだけどブサイク。どちらが良い？

世界一お金持ちだけどブサイク。

整形という手がある。

私が楽しんでいると

“楽しい”が連鎖する。

だからどんな時も楽しむことを

優先する

CHAPTER

3

独立・énoi 誕生

いちネイリストから経営者へ。

波乱に満ちたドラマチックな

人生の幕が開けました。

23歳、ネイルサロンオープン

父の支援を受け、表参道に「Ｓａｌｏｎ ｄｅ Ｖｉ２（サロンドヴィヴィ）」をオープンしました。父が社長、私が代表という立場でスタートしたこのサロンは、オープニングメンバー5人のごく普通のネイルサロンでした。

代表という立場になると、これまでのようにサロンワークだけに専念できるわけではありません。組織全体の運営やスタッフ育成、売上管理、在庫管理など、多岐にわたる業務を担うことになります。オープン当初は試行錯誤の連続でした。業務は増えましたが、やりがいは感じていましたし、何より父が託してくれた大きなチャンスです。その期待に応えるべく自ら学び、サービスの充実に注力しました。Ｖｉ２が安定した売上を実現するまでに、それほど時間はかかりませんでした。優秀なスタッフたちの協力もあり、Ｖｉ２は順調に業績を伸ばして、成長軌道に乗ることができたのです。

サロンオープンから約2年が経った頃、父が経営に関するアドバイスをくれるようになりました。父は、一代で会社を築き上げ、40年間にわたり利益を出し続けてきた事業家です。ネイル事業にも目を向け、経営やビジネスに必要な知識を惜しみなく教えてくれました。そうそうたる顔ぶれの経営者陣との交流の場を設けてくれたこともあり、生きた経営学を学ぶ機会も与えてくれました。両親の離婚以来、長らく疎遠だった父との関係も、この頃から再び深まり、プライベートでもゴルフなどを通じて親子の時間を共有するようになりました。

父とは経営者としての思考回路が似ていると気づく一方で、事業に対する理想は大きく異なることもわかりました。父は大勢の社員を抱えて、多店舗展開を進めることで事業の拡大を目指し、私は少人数でアットホームな雰囲気を重視した経営を志向していました。ありがたいことにVi2は満席状態が続いており、そんな状況を見た父から「上階のフロアも借りよう」という提案がありました。事業の成長において次の一手を打つ重要性は理解しつつも、私はスタッフ一人ひとりの満足度を重視した経営を優先したいと考えていました。私の思いには、外部サロンでの経験が背景にあります。職場環境における課題を間近で見てきたからこそ、経営者になったあかつきには、自分の目が届く範囲の人数で、スタッフが楽しく働ける環境作りに注力したいと考えていたのです。

サロンの拡大について、社内で何度も話し合いを重ね、結果的には上階を借りることが決定しました。2階のフロアもすぐに予約は埋まり、売上も堅調に伸び続けました。勢いは止まらず、近隣に2店舗目のオープンも決定し、スタッフも増員。総勢35名となりました。サロンの代表として、経営の手応えを感じる一方で、組織規模の拡大による不安を抱えていた矢先、2020年に新型コロナウイルス感染症の流行が直撃します。この影響により、サロンは約2ヶ月間の完全閉鎖を余儀なくされることとなりました。

Vi2ジェルの誕生

新型コロナウイルス感染症の拡大に伴う自宅待機。突然できた時間に最初は呆然としましたが、ふとあることを思い出したのです。セミナー講師の仕事で、全国各地に訪れていた時のこと。色を混ぜて作っていると、生徒さんたちから「その色、AKINAさんが商品として作ってくださいよ」とよく言われたのです。また当時愛用していたジェルの販売中止が発表されたこともあ

20代前半

り、ジェル制作に興味が湧いて工場を探し始めました。

当時、ネイリストが独自にジェルブランドを立ち上げることは珍しく、メーカー製ジェルが市場を独占していました。気になる工場を見つけてはサンプルを取り寄せ、試し塗りを行いながら慎重に検討を重ねました。同時に、商品化に必要な最少ロット数やコストの高さに直面し、事業としての厳しさも実感しました。それでも、幸いなことにサロンの売上が好調で資金的な余裕はあったため、ジェル制作に踏み出すことを決断しました。

塗り心地や発色の改良を幾度となく重ね、誕生したのが「Vi2ジェル」です。販売は自社のオンラインショップ限定で行い、WEBサイトも自分で制作しました。もちろん、WEBサイトを制作するノウハウなどなかったため、学びながらの作業でした。ネイリストがジェルを作るなんて前例がなく全く未知の挑戦だったので売上予測を立てることなどできなかったのですが、結果的には、初回販売10分で３０００万円の売上を達成することができました。

Ｖｉ２ジェルの誕生は、セミナーに参加してくださった方たちの声がきっかけです。顧客のニーズに応えることで、ジェルネイルメーカーとしての第一歩を踏み出すことができました。この挑戦を通じて得た学びと成功は、今後のビジネスを成長させるための大きな礎になりました。

お金に対する考え方

人々の期待に応え、その喜びに触れることが、私にとって大きな原動力となっています。友人や社員、スタッフと外食を楽しむ機会も多く、時にはエンターテインメント性に富んだお店を訪れることもあります。場が盛り上がると、同席してる人たちから高価なお酒をおねだりされることもありますが、金額に糸目をつけず快く応じます。断る理由もないですし、皆が楽しむ姿を優先したいと考えているからです。一種のパフォーマンスと言ってもいいかもしれません。惜しみなく振る舞うことで、みんなのストレス発散につながり、彼女たちの楽しそうな表情を見ることが、私自身の喜びなのです。こうした時間は、組織の士気を高める大切な機会にもなっていると思います。

また、大切な友人やスタッフへのプレゼントにも、お金を惜しみません。相手がハイブランドのバッグを望むなら、欲しいものを贈ります。高価なものは受け取る側にとって純粋に嬉しいものですし、信頼し合う友人やスタッフのためにお金を惜しむ理由などありません。一方で、恋人への贈り物は異なります。愛し合う関係では、物の価値ではなく、気持ちが重要だと思うからです。気持ちを込めた贈り物こそが、恋人同士ならではの喜びを共有できるものだと考えています。

昔からお金の使い方は大胆だったように思います。表参道で働いていた頃、月収20万円のうち13万円を家賃に充てる生活を送っていました。当時はネイリストとして働く一方で、夜は居酒屋でアルバイトをして収入を補っていました。自分にとって住まいは何よりも大切なのです。限られた収入の中で、単に安価な住居を選ぶのではなく、多少無理をしてでも理想的な環境を手に入れることが私にとっては大切でした。

この姿勢は、幼少期から変わっていません。母と兄は堅実なタイプでコツコツと貯金をする性格でしたが、父と私は必要だと思えば迷わずお金を使うタイプでした。これは「先行投資」と捉えています。基本的に、お金を使った分は働いて取り戻せば良いという考えが根底にあります。私がénoiを立ち上げた際には約1000万円の借金を抱えましたが、万が一回収できなかったとしても、必死に働けば再びお金を作れるという確信がありました。選り好みをしなければ、働く場所はいくらでもあるのです。

私にとって重要なのは、お金を使うことで得られる価値や満足度。お金を支払う行為そのものよりも、その結果として得られる体験や充実感を重視しています。一度失った人の信頼を取り戻すのは難しいけれど、お金は努力次第でいくらでも取り返せるというのが私の持論です。

Vi2を去ることになった2022年

2021年の年末、父やジェルネイルメーカーの方々と銀座で会食をしていた時のことです。意見のすれ違いがきっかけで、父と口論になりました。私たちは親子といえど、経営陣です。仕

20代後半

事に対する議論や衝突は日常的なもの。周囲の方々はいつもの光景と思っていたでしょう。ただ私はこの日の父がいつもと違うことを感じていました。そして、この口論がきっかけとなり、私はVi2を離れざるを得なくなったのです。

Vi2を離れる日が来るなど、想像すらしていませんでした。なぜなら、Vi2は私にとって最初で最後の職場という覚悟で始めたからです。Vi2を創業し、ブランドを育ててきた中で、最初に頭をよぎったのはスタッフたちのことでした。会社設立時の経緯を知らないスタッフも多く、トップの退職がもたらす影響は計り知れません。彼女たちが感じるであろう驚きや不安に対し、時間をかけて丁寧に説明したかったのですが、会社を去るまでの猶予はわずかでした。Vi2には総勢35名のスタッフが在籍しており、全員に詳細を説明する時間を確保することはできませんでした。幹部社員には先行して状況を説明しましたが、多忙を極める中で20名ほどのスタッフたちには退職間際に伝える形となってしまいました。

Ｖｉ2を離れる報告をＩｎｓｔａｇｒａｍに投稿すると、ブランドを信頼してくれていたファンの方々からクレームが寄せられました。インスタライブで直接説明する場を設けましたが、視聴者からは「裏切られた」「Ｖｉ2ジェルを信用していたのに失望した」という厳しい意見が多く寄せられました。それでも、一部の方からは「何があったのかわからないけれど、これからも応援します」という温かいメッセージをいただき、感謝の気持ちでいっぱいになりました。

当時はサロンワークも日常的にこなしており、お客様の予約は2ヶ月先まで埋まっていました。サロンを去るということは施術場所も失うということです。スタッフやジェルブランドの将来、お客様への対応など、あらゆる問題が一気に押し寄せ、精神的に追い詰められていきました。正直この2週間のことは、ほとんど記憶にありません。食事ものどを通らなくなり、意識が朦朧として救急車で搬送される事態にもなりました。

ようやく前を向くことができたのは、Ｖｉ2を離れてから。徐々に落ち着きを取り戻し、「あんなに慕ってくれてたスタッフたちを置いてきてはいけない」「新たな居場所を自分の手で作ろう」という思いが芽生え、具体的な行動を始めました。

口座残高2万円。地下室からの再出発

Ｖｉ2退職後、私は表参道に新たな住居兼サロンを確保する必要がありました。当時住んでいた家は会社名義だったため、退去を余儀なくされてしまい、住む場所も失ってしまったので

す。貯金もなく住居とサロンを切り離す余裕もなかったので、まずは自宅サロンからの再出発です。場所は、お客様の利便性を考えると、表参道周辺で見つけるほかありません。しかし、ご存知の通り表参道の家賃相場は非常に高額です。最終的に借りられたのは地下の一室。おしゃれとは程遠いこじんまりした部屋でしたが、この場所を拠点にして新しいスタートを切ることを決めました。

私のお客様は主に30～40代の女性で、長年私を信頼してくださっている方々です。ネイリストになって15年、亀有でデビューした頃からずっと私を指名してくださっている方もいらっしゃいます。Ｖｉ２を離れた経緯も正直に話して、施術環境が十分でないことを謝ると、皆さん真摯に受け止めて、優しい言葉をかけてくださいました。その温かさに励まされ、施術をするたびに元気を取り戻すことができたと思います。辛いことが続きましたが、素敵なお客様たちに恵まれていることを再確認できた経験にもなり、より感謝の気持ちも深まりました。

住居とサロンが整った後、次に考えたのはＶｉ２に残してきたスタッフたちのことです。彼女たちを引き取るには、新しいサロンを立ち上げる必要がありました。お客様のことを考えると、サロンの場所も表参道以外は考えられません。テナントの初期費用や運営コストを試算した結果、引き取れる人数は８人が限界だと判断しました。この人数を受け入れるには８席のデスクが必要で、それに見合う規模の物件を探さなくてはなりません。初期費用だけで約１０００万円は必要です。しかし当時の私の口座残高は２万円。資産もない中、母に相談して２００万円を借りることができました。

この２００万円をどう増やすかを考えたとき、ジェルの製品化が最も現実的な手段だと判断しました。しかし、１色だけでは十分な売上を見込むことはできません。最低でも５～６色をセット販売し、専用の箱やパッケージも必要です。工場に相談したところ、新しいブランドを立ち上げるには８００万円が必要と言われました。母から借りた２００万に加え、知人の銀行員のアドバイスなどで過去の実績や資産表、損益表など１００以上の書類を作り、最終的に金融公庫から９００万円の資金を借りることができました。

ジェル製品の容器は当初、コンテナタイプを想定していましたが、新規開発には時間がかかるため、既存のボトルタイプを採用することにしました。一刻も早くジェルを販売し、資金を回収する必要があったため、スピードを優先した決断です。

ちなみに、ブランド名の「énoi」は造語です。ＡからＺまでの大文字・小文字を紙に書き出し、切り離して、文字と文字をランダムに並び替えたり組み替えたりして、字面と響きがしっくりきたのが「énoi」でした。意味はありませんが、発音しやすく覚えやすいこと、さらにロゴとして視覚的な可愛らしさを重視しました。サロン名すらない地下の一室で、一人のネイリストが地道に取り組んで誕生したのがénoiです。困難な状況の中から新しい未来を切り開くために生まれたブランドです。支えてくれるお客様やスタッフの存在が、私を前へ進ませる原動力となりました。試練に直面しても諦めず、行動を続けることの重要性を実感した忘れられないプロセスです。

énoi　誕生

２０２２年４月１日、énoiジェルのファーストコレクションがローンチされました。このコレクションはボトルタイプの５色セットで構成され、価格は１セット約１万円。突然の発売だったこともあり、一部のファンの間では「伝説のセット」と呼ばれるほど話題になりました。

とはいえ、新しいブランドの立ち上げには多くの不安要素もありました。Ｖｉ２ジェルで成功を収めた実績があるとはいえ、それがénoiジェルにも引き継がれる保証はありません。特に今回は、宣伝が十分に行えない状況での発売でした。当時、Ｉｎｓｔａｇｒａｍのフォロワーは約15万人いたものの、前職との関係性から、énoiの発売を大々的に発信することが難しかったのです。そのため、このプロジェクトは一種の〝賭け〟と言っても過言ではありませんでした。

さらに、目標売上は非常に高いものでした。借入金を返済するためには最低でも１０００万円の売上が必要でしたが、サロンを新設するためには２０００万円以上の売上を達成する必要がありました。販売は今回も自作のオンラインサイトです。現社員の友人がサイト制作を手伝ってくれたこともあり、前回よりも効率的に準備を進めることができました。

販売開始の瞬間は、期待と不安が入り混じった緊張感に包まれていました。販売開始時間になってもパソコンのモニターを直視することが怖く、しばらく目を逸らしていました。しかし、恐る恐るモニターに目を戻すと、そこには約２８００万円という売上の数字が表示されていたのです。

énoiジェルが市場で受け入れられる可能性を示すだけでなく、ブランドの未来に向けた大きな一歩を記した瞬間でもありました。

ファンからの質問に回答

about

PRIVATE

今は寝る時間を

惜しんで

仕事も

プライベートも全力。

68

—1日のスケジュールを教えてください

8時から9時頃起床して、準備して出社。
サロンワークは基本的に土日に行い
他はオフィスでの作業や開発、
打ち合わせなど。
夜はお仕事でインスタライブなど
することも多いので帰宅は
0時を超えることが多いですね。

帰宅後に、ゆっくりお風呂に入り、テレビやインスタを見るという時間が好きですね。なので就寝はいつも3時か4時くらいなんです。

69

— AKINAさんの金銭感覚は？

衣装などでハイブランドを買うこともありますが
物欲もないのであまり物には散財しません。

ただ、スタッフや友人と過ごす時はみんなと楽しみたいので豪快になることも。基本的には1円の価値をきちんと1円だと思って過ごしています。

70

— ぽんちゃん（愛犬のぽんず）との出会いを教えてください

出会ったのは７年前。

毎日通っているサロンまでの道のりにペットショップがあるんですが、通勤中にそこで見つけた瞬間に一目惚れでした。

71

— 最近買った一番高価なものは？

ずっと欲しくて探していたランクル（ランドクルーザー）300。

ドライブも趣味なので、遠出する時はランクルを運転して気分転換しています。

72

— ぽんちゃんの特技は？

通称「アゴ」。アゴって言うと
このポーズをしてくれます。

73

— 朝起きたらぽんちゃんが人間に！
第一声は何て言ってくると思う？

「お腹すいた」。

74

— 落ち着く時間は何をしている時？

家にいる時。
ぽん（愛犬のぽんず）といる時。

75

— 趣味はありますか？

ドラマっ子ですね。
あとは映画。

時間があればゴルフ。初めてゴルフクラブを握ったのは小学生の頃で家族でホールを回っていました。5年ほど前から本格的にゴルフも再開しました。

76

— 今1番欲しいものは？

もともと物欲が本当になくて…。
うーん…彼氏？（笑）。

77

— AKINAさんのパワースポットはありますか？

ないかな。ただ以前占い師の方に、「あなた自身がパワースポットなのよ！」と言われたことがあります。

人にパワーをあげている存在らしいんです。そう言われるとそんな気もしています。

78

— どうしてこんなファンサしてくれるの？

あまりファンサしてるつもりはないんですけど、
そう思っていただけたら嬉しいです。

79

— MBTIは何ですか？

ESTP= 起業家。

何度テストしても結果は同じでした。
今の自分そのままですね。

80

— プレゼントでセンスがあると思うものは？

ファンの方からのギフトだと、記憶に残る手作りグッズはセンスがあるなと思います。

ぽんず（愛犬）のオリジナルグッズを手作りしてくれたり、愛用しているタバコを使ってバッグを作ってきてくれたり。花束が全部タバコになっているユニークなものもありました。
彼だとしたら、誕生日に豪華なものをもらうより、なんでもない日にささやかなものでも、もらえるプレゼントが嬉しいかな。
あ、もちろん豪華なものも嬉しいです（笑）。

81

—好きなお酒は？

割となんでも好きですが、
最近はハイボールかな。

82

— お酒を飲んでやらかしたことは？

えっと、ありすぎて…。

お酒を飲むと楽しくなっちゃうんですよね。階段20段転がり落ちてしまったり…。気をつけます。

83

— ハマってる食べ物は

しるこサンド。

84

— 嫌いなタイプは？

男女問わず、グチを言う人、嘘をつく人が嫌い。

私のテンションが落ちるので。

85

— 苦手なことは？

プールなどでは泳げるんですが、海洋恐怖症です。

底の見えない暗い海、湖や池の濁った水、巨大生物や得体のしれない何かがいそうで怖いという感覚があります。

86

— お金にルーズな人か、時間にルーズな人どっちが嫌？

時間にルーズな人。

87

—自宅インテリアにこだわりはありますか？

生活感がないシンプルな感じが好きです。

家はリラックスできる空間にしたいので基本的にインテリアはベージュ、ホワイト、ブラウンに統一していますね。ARMONIA（アルモニア）の家具を愛用。照明もオレンジっぽい温かみのある電球色にしています。

88

フランス

アメリカ
（カリフォルニア）

アメリカ
（ロサンゼルス）

アメリカ
（フロリタ）

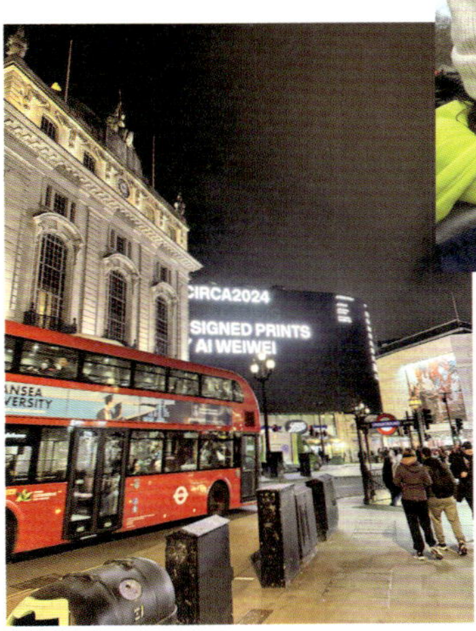

イギリス
（ロンドン）

アメリカ
（ラスベガス）

韓国

— 今まで行ったことがある海外は？

韓国、中国、台湾、オーストラリア、アメリカ、フランス、イギリス、ブラジルなど

89

— 移住するならどこ？

ハワイかな。

海が苦手なのでビーチには行きませんが、まったり、ゆったりできるリゾートが好きなんです。こう見えて根本的な性格って実はゆるいんですよ。私って仕事がなかったらダラダラです。

90

— 今まで言ったことがない、
実は私〇〇と言うことは？

こう見えて実は、父が経営者で、
お嬢様なんです。

でもそれを感じないって友人からは昔から言われます（笑）。

91

— 1泊するなら閉園後のお化け屋敷、
お墓の真ん中？

季節によるかな。

冬だったら外は寒いので閉園後のお化け屋敷です。

92

—最後の晩餐は？

割となんでもいい。

93

— 世界が明日終わるとしたら
何をする？

特別なことはせずに
日常を過ごしたい。

94

― 仕事、家族、彼氏どれを優先する？

仕事（即答）。

95

— 無人島に一つ持って行くなら？

電波が繋がる携帯電話。

96

— 殺伐とした日本を変えるには？

いろんな意味で愛が必要だと思います。

みんなそれぞれ愛を持つことで日本が変わると思います。

97

— 首相になったらどう日本を変えたいですか？

日本をカラフルにしたいです。

もっと色を纏って良いと思うんですよね。結婚式も日本だと黒い衣装で参列する方が多いと思うのですが、海外だとあり得ない感覚。ハッピーな空間にはもっとドレスアップして色を身につけて欲しい。
お洋服だけに限らず、気持ちもカラフルになったら良いなと思っています。言いたいことがなかなか言えず保守的な方が多いなと感じていてもっと発言できたらいいのになと。

98

— 生まれ変わったらどんな仕事をしてる？

男性に生まれたらアイドルになりたいかも！

女性だったら今と同じ道を歩んでいると思う。

99

— 生まれ変わっても自分が良い？

うーん…。生まれ変わったら
男性として生きてみたい。

男だったら爆モテしてそうと周りのみんなに
言われます（笑）。

100

— 最後に10年後の自分にメッセージをお願いします。

「生きてるよね？」
とりあえず生きていて欲しい。

事故やケガが多いので不安（笑泣）。

LOVE LETTER

大切な人たちから

AKINA へのメッセージ。

普段なかなか伝えられないけど

これが私たちの気持ち。

Dear AKINA

あきなとのエピソードは数え切れないほどあるけれど、特に思い出深い私が知っている昔の話をしてみようと思います。

あきなとは高校３年生（絶賛ギャル）の時にダンスチームで出会って、もう10年以上の仲だね。

チームでは最年少だったけど、年上のベテランチームに入るほど上手くて、大型新人現るって感じだったよ。笑

ベテランに新人が入るのは色々な面で難しくて辛かったと思うけど、その中でも日々真剣に練習しているあきなの強さと努力とセンス、全てにおいて尊敬していました。

あきなは一見、器用で何でもできるように見えるけど、裏で沢山努力している姿を私は想像できます♡（もちろんセンスでできちゃう天才的なところもあり！）

長いこと過ごしてきて改めて、あきなの芯の強さと周りの人を大事にするところがすっごく好きだし、尊敬してます。

これからも沢山遊んで語って暴れようね♡♡♡

From kaho

Dear AKINA

18歳から友達で、なんだかんだ飲みに行ったりぶつかったり、話し合ったり、一緒に働いていた時間はとても濃い時間でした！こんなに仕事の話を出来る人はなかなかいないんだろうなーって思っています。笑

技術はもちろんだけど、あきなにしか出せないカリスマ性やトーク力✨すごいなーっていつも尊敬してるよん！

今でも全力で前向きに仕事しているあきなを全力で応援してます！

疲れたらパーっと飲みに行こうね🍻💞

From lisa(eel)

Dear AKINA

出会った当時は18歳で、ギャルと古着女子だった私達。
バイトで出会わなければ、友達にならなそうな私達だったけど、
毎日のように会って深夜帯もだいたい一緒に働いて、その時から
わりとあきなは破天荒だけど大人びていたし、“しごでき”だった。

週3ぐらいであきなの家に泊まっていて、私が実家に帰ろうとした時、
『え、今日泊まらないの？』って。彼氏かよ、可愛いかよって。笑
昔から何やっても、この人は1位になれちゃうからすごいなぁっ
て。本当、私にないものばっか持ってるってやつ。唯一、昔は花
柄のタンクトップにショーパンでださかったのに、今はPRADA
だから太刀打ち不可。

大人になってから旅行に行ったり、一番気をつかわず、無言の
時間が多くても気にならない存在です。ご飯も行く先もいつも
予約してくれて全部決めてくれる。私が優柔不断で、決めてほ
しいタイプだから、助かりまくってる。でも大体焼肉。笑

ずっと10年以上変わらない関係をありがと！
長生きしてね。

From リア

Dear AKINAさん

「周りの人が幸せなことが私の幸せ」といつもAKINAさんがおっしゃっている言葉通りに行動されているところが愛情深く、本当に素敵だなと思っています。
AKINAさんと知り合ったのは12年前。学生時代のダンスの先輩で一緒に踊った経験もありますが、その時代から変わらないなと。愛がある、ズバッと物事も言ってくれるところも好きです。

from misaki（énoi ネイリスト）

Dear AKINAさん

サロンワーク、énoiの商品開発など休むことを知らないくらい働いていて、全てこなしている姿を近くで見ていて本当に凄いなと思っています。ネイリストとしても人としても尊敬しています。
AKINAさんのスクールで出会い、後にénoiに入社し今は私にとっては社長という存在ですが、出会った時から変わらず私たちのことを気にかけてくれてありがとうございます。
これからも一緒に働きたいと思っているので、よろしくお願いします。

From kanako（énoi ネイリスト）

Dear AKINAさん

AKINAさんと初めて会ったのは9年前。未経験で雇ってもらえるサロンを探していた時に、AKINAさんに面接していただきその場で採用してもらいました。面接の際に「私が、面倒を見ていくから大丈夫だよ！」とAKINAさんが言ってくれて、その言葉通り今もこのようにお世話になっています。

私たちの前でも、お客様、ファンの方、SNS上でもAKINAさんはどこでも同じ。真っ直ぐで嘘がないAKINAさんにこれからもついていきたいと思っていますし、一生かけて恩返ししたいと思っています。

仕事もプライベートもどっちも全力なAKINAさん。側で見ていて寝なくて大丈夫かなと思うので、しっかり寝てくださいね。

From oco (énoi ネイリスト)

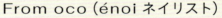

Dear AKINAさん

私たち énoi メンバーへの熱い気持ちにいつも感謝しています。社員旅行に連れていってくれたり、お誕生日のお祝いをしてくれたり、技術でわからないことがあったらすぐに時間を作ってくれたり…。AKINAさんの存在がどんどん大きくなっていきますが、直接悩みを相談できる関係性を今でも築いてくれていることが嬉しいです。

怖そうに見られるけど、実はすごく優しくて、いつも元気で、疲れているところをあまり見せないAKINAさん。

AKINAさんと出会えて、私自身すごく成長できました。これからもよろしくお願いします！

From　hitomi（énoi ネイリスト）

Dear AKINAさん

AKINAさんのもとで働きたいという夢が叶い、私の人生が180度変わりました。

国内外の出張に一緒に行ったり、サロンワーク以外にたくさんのお仕事が舞い込んできて、他ではできない豊かな経験をさせてもらっています。

飾らずに「私は、私！」というブレない強さ。面倒見が良いところが大好きです。

ここまで、私を連れてきてくれてありがとうございます！

From rina（énoi ネイリスト）

Dear AKINAさん

AKINAさんの真っ直ぐで、人想いのところがみんなに伝わって、AKINAさんに一度会った人はみんな好きになっちゃうんです。私もそうです。

AKINAさんの姿を側で見ていて、私も色々な事業に挑戦してみたいと思えるようになりました。一緒にいると人生が繁栄していき、自分の可能性を広げてくれるそんな存在です。

カリスマではありますが、ツッコミどころ、抜け感、人間味があって大好きです。

一生涯通して関わっていきたいと思っているのでこれからもよろしくお願いします。

From marie（énoi アイリスト）

Dear AKINA さん

énoiに入社して半年ほど経ちますが、毎日がとても楽しくて本当に良かったと思っています。

仕事をやらされている感ではなく、自ら進んでやりたい！という気持ちになれたこともénoiとAKINAさんのおかげです。

énoiの商材が大好きで、自分の好きなものを使って表現していく作業やそれに関わることができて幸せです。

ありがとうございます！

From lunan (énoi ネイリスト)

Dear AKINA さん

AKINAさんのスクールに通って､その後別のサロンに就職し､énoiに入社。

AKINAさんの凄さは日々感じていますが、働き方、休み方のアドバイスも一人一人をしっかり見て言ってくださるので愛を感じています。はっきり言わなければいけないところは、ビシッと決める所もカッコいいなと思っています。

年下の私にも、親近感のあるお話を分け隔てなく気さくにしてくれて嬉しいので、もっとたわいもない話をして、これからも楽しくネイリストを続けていきたいと思っています。

From chizuru (énoi ネイリスト)

Dear AKINA

出会ったのは十数年前。高校時代の後輩で、深く関わるようになったのは4年ほど前からですが、側で見ていても大胆な発想、行動力、カリスマ性がすごいと感じています。
そして、「それはやりすぎでは？」とこちらが思わずストップをかけたくなるほどサービス精神が旺盛な人。
抜けているところもありますが、興味があるところへのこだわりの強さが今を作っているんだと思います。
énoi事業がスタートして現時点では危機もなく、登り続けていますが、社長だけに頼らず、しっかりサポートしてénoiがもっと成長できるよう頑張ります！
普段から「ありがとう！凄い!」は伝えているのですが、改めて、ありがとうございます！

From つやお（énoi 本社スタッフ）

Dear AKINA

幼い頃から何事も恐れず、挑戦して努力をし続ける本当に強い子。習い事も自分でやりたいと言い、高校も自分で探して自分が何をやりたいか昔から意思がしっかりあったので、私は見守るだけで何かアドバイスをすることはなかったように思います。

ネイルのバイトから始まり、周りの人に助けられながらあきながここまで来た道のりは並大抵のことではなかったと思いますし誇りに思います。そしてサポートしていただいた皆様に感謝いたします。

"あきな"という名は親族で相談しながら命名しました。あきなという響きも素敵ですし、"明るい"という漢字も入れました。

いつも、言葉にして伝えていますが、名の通り明るく頑張るあなたを尊敬しています。

私にできることと言えば…

ぽんのことはしっかり見るので安心して、お仕事してくださいね

From 母

from FAN

ビジュアルもネイリストとしてもみんなを虜にさせる可愛い商品開発などなど✨自分より周りの人達を1番に考えていて本当に優しくて素敵な方です❣️🥹❤️これからもénoi & AKINAさん推し活です😍🫶大好きです❤️❤️❤️

From Hi_chan

AKINAさんの存在を一言で言うと、ネイリストになるきっかけをくれた方です。出逢ってなかったら私はネイリストになってないです。人生を変えてくれたAKINAさんやénoiに感謝です (^^) 大好きです♡

From
akinaさん認知1号のありちゃんでした🙇笑

いつも明るくパワフルなAKINAさん。AKINAさんパワーで私はネイリストとして頑張れています。ファンにも暖かく、優しく丁寧で♡♡こころから思います。出会えてよかったと。

From みぴ

énoi 立ち上げ前からずっと推しです！私はオタクになったり推しができたりは生きてきた中で経験ゼロでしたが今ではAKINAさんやénoiが推しです！商品の発売がある限り買い続けます！！

From
pöna 代表対面すると冷めてる女より❤️

推しのアーティストより推してます。AKINAさんの作るジェルも、AKINAさんの考え方も、全部大好きです🖤💞

From 山口県 /yucari

ネイリスト・経営者・インフルエンサーという3つのお顔を持っていることに憧れを抱いているネイリストの卵です。圧倒的ビジュアルは勿論、経営者としても大成なさっていて私が目標とする事を現在進行形で凌駕なさっている方です。私自身も追いつけるように頑張ります🔥

From コロモ

綺麗で可愛くて、ネイルに熱くストイックでファン思い、時にヤンチャなカリスマに惹かれない理由はない！ AKINA さんの作る énoi は世界の最先端で最強です！40代のネイリストも一生ついていきます!!

From ことり

私は23歳の頃に独立してネイルとまつ毛のサロンを出しました。AKINAさんと歳は一つしか変わらないのですが、いろいろと刺激を受けています。芯があってとてもかっこよくて、仕事以外の面でも憧れる存在です♡

From MaMiee

書籍発売おめでとうございます♡ タバコ吸いながらインライしてる AKINA さんが大好きです😍新作の度ワクワクをありがとうございます♡

From ビトンの女 yuppy

énoi の商品が好きだったので AKINA さんのインスタライブをよく観ていました。観ているうちにいつの間にか大好きになっていて今では推しです！🥳❤️ありがとうございます🥹💓

From さぽり 23

セルフをしていて énoi に出会えた！セルフでもネイルの美しさ楽しさを感じることが出来たのも AKINA のおかげだよ！énoi に出会ってからお友達も増えた。これからも AKINA 推し énoi 推し。サイコー AKINA énoi ♡いつか…AKINA ーネイルみて!! って自信持ってネイルを見せることが夢!!

From 昆布女より

CHAPTER

4

énoi オープン・未来

サロン運営や会社経営、

スタッフたちや将来の夢。

そして、énoi の今とこれから。

énoi表参道店がオープン

自宅サロンとも言い難い地下室を拠点にサロンワークを続けながら、新規のジェル開発に注力し、2022年4月1日、ついにénoiのオンラインサイトをオープン。販売開始わずか1時間で全商品が完売となり、初日だけで2800万円の売上を達成しました。この成功は、積み重ねてきた努力と、日々の不安を乗り越えてきた成果を象徴するものであり、達成感と感動で涙が止まりませんでした。

地下室の中で山積みになった商品を、サイト制作を手伝ってくれた現社員とともに、一つずつ手作業で梱包し、発送作業を進めたことは、今でも心に残る大切な思い出です。売上金が振り込まれたのは販売から1週間後のこと。この資金をもとに、4月の初めには全ての借金を返済し、新たな店舗となるテナント探しに着手しました。

幸運にも理想的な物件を早期に見つけ、内装工事を経て同年7月1日には、ネイルサロンénoi表参道店を無事にオープンすることができました。2022年前半は怒涛の半年でしたが、ようやく落ち着きを取り戻すことができました。

énoiのスタッフたち

サロンオープン時にはVi2から移籍してきた8名のスタッフも揃い、あらたなスタートを切ったのです。スタッフは今なお誰も欠けることなくénoiの成長に貢献してくれています。彼女たちの存在こそが、énoiの成長を支える基盤であり、事業の発展を可能にしていると強く実感しています。

スタッフたちから、「どうしてこの８人を選んだのですか？」と尋ねられたことがあります。この際、スタッフ同士の関係性は視野に入れていませんでした。言うならば、フィーリングです。個々の能力で選んだのでもなく、直感でした。その結果、８人のスタッフは見事にまとまり、チームワークを発揮しています。各自がキャリアを持ち、独立を視野に入れる可能性もある中、全員がénoiに留まり、結束力を高め続けています。

énoiのチームは、ただの職場仲間ではなく家族に近い存在です。それを象徴するエピソードがいくつもあります。例えば、社員旅行を提案したのはスタッフ自身でした。昨年、韓国旅行を計画していた際、私が多忙で参加が難しいと伝えたところ、「ＡＫＩＮＡさんが行けないならキャンセルしましょう」と全員が即答したのです。その後、骨折で最終的に不参加となった私に、「次回こそ一緒に行きたいです！」と声を揃えてくれたことも心に残る出来事です。今年のハワイ旅行でも同様に、スケジュール調整が難しい旨を伝えると、「時期を変更しましょう」と言うのです。スタッフたちにとって、私の存在が重要であると感じられる瞬間は、何ものにも変え難い喜びを感じます。

特に感動したのは、サロンを立ち上げる資金計画を説明した時のことです。２０００万円以上の売上が必要で、達成できなければスタッフの給与を支払えない可能性があると正直に話しました。その時、彼女たちは「お給料はいりません！」と即座に答えたのです。この信頼と献身が私を支え、リーダーとして背負うべき責任を再認識させてくれました。

私は事業規模を必要以上に拡大することに関心がありません。経営理念は明確です。「一人ひとりの満足度が高い会社を作る」というもの。自分の目の届く範囲で、スタッフ一人ひとりを大切にしながら理想のサロン運営を続けることを目標としています。１０００人のうち５人が満足

ネイルサロン
énoi オープン直前

している会社ではなく、10人のスタッフがいれば10人全員が満足する会社を目指しているのです。そのため、頑張った分を〝いつか〟還元するのではなく、〝今〟還元することを重要視しています。ハワイへの社員旅行では600万円を費やしましたが、それは事業売上の一割にも満たない金額です。少しでも余裕があれば、それをスタッフたちのために使うのが私のスタイルです。

énoiは単なるビジネスではなく、スタッフ全員が幸福を感じられる場を作ることに重きを置いています。それが、長期的な成長と持続可能な運営を可能にする鍵だと信じています。

他店とは少し違う、énoiの個性

énoiは、お客様とネイリストたちの笑い声が絶えない、和気あいあいとした雰囲気のサロンです。この明るい空間を支えているのが、独自の指名制度。énoiでは初めてのお客様でも、必ず誰かを指名して予約を取るシステムになっています。ネイリストの〝あるある〟かもしれませんが、フリーのお客様がご来店された際、どのスタッフが担当するか、問題になることがあるのです。énoiではこうした懸念を払拭するべく指名制度を導入しました。

また人間同士には相性もあります。「指名制度だから指名したけれど、会話や好みが合わないかも」とお客様が感じることもあるでしょう。énoiでは、お客様が気軽に異なるスタッフを指名できることも公言しています。極論、今月はAさん、来月はBさん、再来月はCさんというように、毎月違うスタッフを指名しても構いません。この柔軟なシステムにより、お客様とスタッフの間に新しい交流がどんどん生まれます。顔見知りのスタッフが増えることで、お客様も来店することがより楽しくなり、店内での会話も自然と増えてサロン全体の雰囲気が明るくなるのです。

この指名制度を成立させるには、スタッフ間の良好な関係性も不可欠です。例えば、スタッフAさんのエピソードをスタッフBさんが勝手にお客様に話したとしましょう。それがデリケートな話題であった場合、énoiのスタッフたちは口に出して言い合える関係性が築けています。無視をしたり陰口を叩くような間柄では運用が難しかったことでしょう。スタッフたちのおかげでénoi独自のシステムも円滑に運用でき、お客様の満足度を追求するサービスが提供できています。

énoiの働き方改革

énoi表参道店の営業時間は10時から22時まで。出勤時間や退勤時間は全てスタッフに委ねています。シフト管理は各スタッフが自己責任で行い、15時に出勤してお客様を一人施術して帰宅することも可能です。収入がゼロでもいいならば、1ヶ月間完全に休んでも構いません。

　このシステムを導入した背景には、過去の経験があります。かつて働いていたサロンでは、お客様がいない時間帯でもサロンに待機することが義務付けられており、「時間での拘束は非効率で、不要なストレスを生む」と感じていました。こうした問題を解消し、スタッフが働きやすい環境を実現するために、énoiでは正社員雇用を廃止し、スタッフ全員を個人事業主として雇用する形式を採用したのです。正社員の場合、労働基準法により1日8時間以内の勤務が義務付けられていますが、個人事業主という雇用形態にすることで、時間に縛られることなく柔軟な働き方が実現します。とはいえ、会社として情報共有は必要なので月次ミーティングは実施し、必要な連絡事項はしっかり共有しています。

　給与体系は基本給のない完全歩合制を採用しています。この仕組みによって給与計算も簡略化され、スタッフ自身も「頑張れば頑張るほど収入が増える」というモチベーションを持つことができます。énoiのスタッフは全員が高い向上心を持っているため、約半数が年収1000万円を超えています。一部のスタッフは月収に換算すると150万円を超えています。énoiのスタッフは私と同じで、施術が早いため1日平均7〜8人をこなし、高い収入を実現しているのです。

　énoiは、スタッフの自由度を最大限尊重しながら、高い収益性と効率化を両立する仕組みを提供しています。従来のネイルサロンでは考えられないような柔軟な環境と、高い給与水準は、スタッフの満足度とモチベーションを維持する重要な要素となっています。この仕組みは、これからの働き方の新しいスタンダードとなり得る可能性を秘めているのではないでしょうか。

売れっ子ネイリストへの道

2022年
ネイルサロン énoi オープン

ネイリストとしてデビューした東京都・亀有のサロンで、私の年間指名数は120人を記録していました。当時、お客様に「どうして私を指名してくださるのですか？」と尋ねると、答えは毎回同じでした。「施術が早くて、会話が楽しいから」。この時、私はネイリストとしての成功は、技術と接客が50対50のバランスであることを確信したのです。技術が100点満点でも、接客が0点では指名は増えません。また、接客が100点でも技術が伴わなければ長期的な信頼は得られません。このバランスをうまく保てた時、自然と〝売れっ子ネイリスト〟になれるのだと思いました。

私が指名を増やせた理由の一つは、「次に繋がるトーク」を意識していたことにあります。例えば、お客様に施術中の会話で自分のプライベートな出来事を共有したり、逆にお客様の話を聞いて「来月、この続きを教えてください」と自然に次回の来店を想起させるようなコミュニケーションができていました。

この手法は作戦ではなく、私自身が心から会話を楽しんでいた結果です。しかし、この「次に繋がるトーク」が、指名客を増やす重要な要素であることに気づき、若手スタッフには積極的にこの考えを伝えています。「趣味は何ですか」「特技は何ですか」といった形式的な質問ではなく、心に残る会話を意識することが大切です。お客様が「また話したい」と思うようなコミュニケーションが、リピート率を高めるポイントになります。

また、私はデビュー当初から「新規のお客様を絶対にリピーターにする」という強い意識を持っていました。新規顧客を淡々とこなすだけでは、指名客を増やすのは難しいと感じていたからです。例えば、月に10人の新規顧客を担当したとして、その全員が翌月も指名してくだされば、翌月には指名客が10人になります。同じペースで新規顧客を獲得していけば、次の次の月には指名客が20人に増える。このプロセスを繰り返せば、1年後には月間指名数は120人に達する計算です。

一方で、いつまでも指名が増えないネイリストは、単に「手を動かして作業をしているだけ」ではないかと感じます。énoiのスタッフたちが高い売上を維持できているのも、こうした次に繋がる会話と新規顧客をリピーターに変える意識が根付いているからでしょう。

私の経営

énoiはオープンから3年目を迎え、事業は順調に拡大を続けています。前期の年商は8億円に達し、今期の目標は15億円を掲げています。現在のところ、10億円達成の見込みは立っており、着実な成長を続けています。売上の構成比では、ジェル販売事業が全体の90%を占め、残り

10%がサロン事業です。

このような業績が評価され、ビジネス系メディアからの取材や経営戦略に関する質問を受ける機会も増えたのですが、私は年間事業計画を細かく立てるタイプの経営者ではありません。基本的にマイペースな性格で、突発的に「これを作りたい！」とひらめき、そこから周囲が動き出す形で事業が進むことが多いのです。ジェルの開発スタッフからは「新商品発売の時期を教えてほしい」と要望を受けることもありますが、私自身、ひらめきが〝降りてくるタイミング〟は予測できません。そのため、計画性のある経営とは一線を画しています。

時に、計画性や事業運営ということを考えていると、気が遠くなるような不安を感じることがあります。例えば、高校時代に所属していたソングリーディング部は、苦しくても引退までという明確な期限がありました。目標達成までの道筋が見えると、不思議とペースアップする力が湧き、ゴールに向かって突き進むことができました。しかし、経営には明確なゴールがありません。これが「一生続くもの」と考えると、その面白さに魅力を感じる反面、目標の設定に迷う自分もいます。何をゴールにすべきか、どこを目指すべきかが不明確なため、プレッシャーは常に感じています。

新商品を発表する際は、つねに不安と緊張が押し寄せます。マロンマグネットでは、初販30分で1億円という売上を達成しました。これは大きな達成感をもたらしましたが、同時に「次回はこれを超えなければならない」という新たなプレッシャーを生むことにもなりました。

こうした環境の中で、私は未来の遠いビジョンにとらわれるよりも、「今」を大切にすることを信条としています。仕事の将来像を10年後や20年後まで明確に描くことは困難です。私が現実的に考えられるのは、せいぜい3年後まで。だからこそ、目の前の課題や目標に集中し、それを着実に達成していくことが重要だと考えています。
現在の目標は「3年後に年商30億円規模の事業を実現すること」です。この中期的な目標を見据えながら、今できることを一つひとつ着実に積み重ねていきたいと考えています。

挑戦の選択

énoiをオープンしてから、多くのコラボレーションや企画のオファーが舞い込み、刺激的な経験を積むことができました。アパレルブランド「FREAK'S STORE」とのコラボ商品発売をはじめ、伊勢丹新宿店でのPOPUPイベント開催や、世界的ネイルブランド「OPI」のグローバルブランドアンバサダー就任。そしてスキンケアブランド「mgb skin」とのコラボ商品発売など。代表取締役と並行して、インフルエンサーとしての活動もあるため、ネイル業界以外の期間限定プロジェクトには参加することが多々あります。
そういった活動をしているせいか、多くの事業領域でのプロデュース依頼を受けますが、現在のところネイル以外の新規事業参入は考えていません。アクセサリー、メイク、アパレル、飲食店など、興味のある分野はたくさんあります。しかし、「今ネイル以外に手を広げるべきではない」という直感があります。
この「直感」とは、経験と経営知識が生み出すデータ分析によるものです。新商品を発売する際の予測でも、「売上はこれくらい下がる」「この程度の伸びが期待できる」といった見通しが的中してきました。この蓄積されたデータが私の意思決定を支えているのです。
ネイル以外の分野に挑戦する時が来るとしたら、それは自分がその分野でも100％以上の力を発揮できると確信を持てた時です。現在はénoiの事業に全力を注ぎ、さらに成長させることに集中しています。やがて新たな挑戦の時が来た際には、今の成功体験を糧に、次のステージに進む準備を整えたいと考えています。

énoiの未来

世界には数えきれないほどのジェルブランドが存在します。こうした競争環境の中で、énoiのジェルが長く愛されるためにはどうすべきか。これが、弊社が抱える最大の課題です。現在、énoiのジェル売上の約90％は、AKINAのInstagramを通じて生まれています。しかし、AKINAのインフルエンス力に依存するのではなく、énoiというブランドが独り立ちして存在感を放つ未来が理想なのです。私の人生は波乱万丈です。明日何が起こるかわからないからこそ、私がいなくなった後もénoiが求めてもらえるブランドでいられるか、という不安があります。こうした思いから、一人でも多くの人にénoiを知ってもらうため、海外展開にも着手しました。

現在、ロンドン、オーストラリア、アメリカ、カナダ、ドバイにサプライヤーを配置し、世界中どこからでもénoiの商品を購入することができます。énoiのジェルは、全世界の方々に向けて届けられるブランドへと成長を遂げました。海外展開を始めたきっかけは、ロンドンからのオファーです。ブランドを立ち上げて間もなかったので、海外展開まで視野に入れていませんでしたが、énoiの未来を考えたら渡りに船。オファーを受ける価値はあると判断し、行動に移しました。

何事も考えているだけでは前に進みません。行動することこそが、成功の可能性を広げる最善の方法です。考えることに時間を費やすよりも、とにかく動いてみる。そのプロセスを通じて得られる結果や経験こそが、最も価値があると信じています。
　いつまでもずっとénoiが愛され続けるように、私が生きている限りはブランドを守り続けます。そしてこれからもénoiを支えてくれる会社のスタッフやファンの方々とともに歩んでいきたいです。

父とのこと

　ここまで読んでくださった方の中には、父との関係がどうなったのか、気にしてくださっている方もいるかもしれません。私がSalon de Vi2を離れてからは、父とは一度も連絡を取っていません。ただ時折、ふとした瞬間に父のことを思い出します。元気にしているだろうかと、想いを馳せることもあります。意見が衝突することもありましたが、私の性格を誰よりも理解してくれている存在が父でした。経営者に求められる資質は、全て父から受け継いだと思います。私が経営者として成果を上げ続けていられるのも、父に似ているからでしょう。
　何より、いちネイリストだった私に、経営者としての道を歩むきっかけを与えてくれたのは、まぎれもなく父です。Vi2を離れることになったあの日の出来事は、今となっては感謝すべき経験だったと考えています。
　私は、父に負けない経営者となるべく、これからも努力を続けていく所存です。Vi2での経験、そして父が教えてくれた経営者として必要な知識が、現在のénoiの成長と私自身の経営哲学の基盤となっています。この感謝を胸に、さらなる高みを目指していきます。

最後まで読んでくれた皆様
ありがとうございました!

「人生一度きり!!」
今、目の前にある時間を大切に♡!

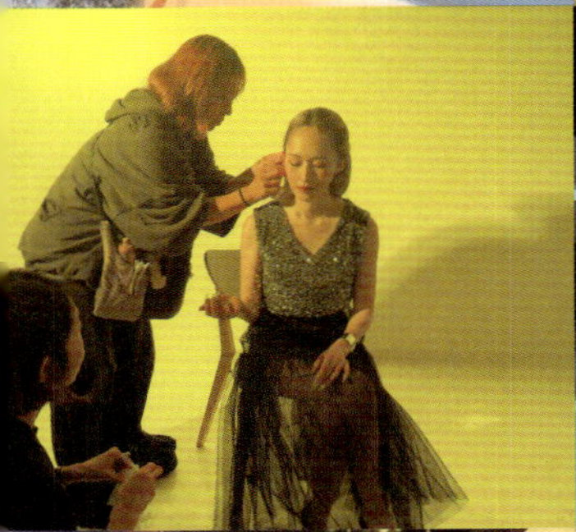

CREDIT

パーカー スタイリスト私物 帽子本人私物

ボートネックブラウス ¥6,980 ／ TORUGATO（TORUM）デニム ¥27,500 ／ upper hights（ゲストリスト）ピアス ¥3,850 ／ヘンカ（ロードス）アクセ本人私物

タイ付きシャツ ¥15,400 ／ O0u（アドアーリンク カスタマーサービス）その他スタイリスト私物 ファー帽子本人私物

すべてスタイリスト私物 アクセ本人私物

ベロアリボンバレッタ ¥17,600 ／ THE HAIR BAR TOKYO ニット スタイリスト私物 アクセ本人私物

マルチ WAY チュールビスチェ ¥10,900 ／ CHUCLLA アクセ本人私物

デニム ¥27,500 ／ upper hights（ゲストリスト）フェザーベスト スタイリスト私物 アクセ本人私物

SHOPLIST

アドアーリンク カスタマーサービス
0120-999-659

ARIA
@airi______.2

ガールソサエティ
https://thegirlssociety.net

ゲストリスト
03-6869-6670

THE HAIR BAR TOKYO
03-3499-0077

SORIN
https://sorin.design

CHUCLLA
06-6616-9889

TORUM
090-7775-9812
@_torugato_apparel_

ロードス
03-6416-1995

PROFILE

AKINA

人気ネイルサロン「énoi (エノイ)」のオーナーネイリスト。またブランド「énoi」のプロデューサーを務める。国内外問わず幅広い層から圧倒的な人気を誇る。マグネットなどを多用した新鮮なニュアンスネイルが話題となり、Instagram のフォロワー数は19万人を超え、日本を代表するインフルエンサーとしても活躍中。まさに令和時代を牽引するトップネイリストに君臨している。(2024年12月時点)

@akina___enoi

『akina iroiroCH』

STARRING

AKINA

STAFF

フォトグラファー
嶌原 佑矢 (UM)
千鶴

スタイリスト
Toriyama 悦代(One8tokyo)
MOTO

ヘアメイク
水流 有沙 (ADDICT_CASE)
megu

校正
株式会社聚珍社

デザイン
宮坂明子

ライター
田中直美

編集
田原直美 (CAELUM)

ひとりじゃなくて
みんなと生きる

Revive

2025年1月24日　第1刷発行

著者　AKINA

発行者　戸川貴詞
発行所　カエルム株式会社
〒150-0042 東京都渋谷区宇田川町14-13 宇田川町ビルディング8F
info@caelum-jp.com（編集・営業）　sales@caelum-jp.com（ご注文）
印刷・製本　TOPPANクロレ株式会社

ISBN978-4-908024-80-1 C0077　Printed in JAPAN